U0745774

THE ART OF THE MASS EFFECT UNIVERSE

CAPTIONS BY

CASEY HUDSON
EXECUTIVE PRODUCER

DEREK WATTS
ART DIRECTOR

CHRIS HEPLER
WRITER

PUBLISHER **MIKE RICHARDSON**
DESIGNER **STEPHEN REICHERT**
DIGITAL PRODUCTION **CHRIS HORN**
ASSISTANT EDITOR **BRENDAN WRIGHT**
EDITOR **DAVE MARSHALL**

DARK HORSE BOOKS ™

MASS EFFECT

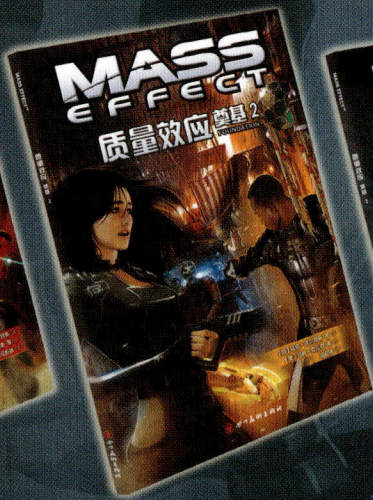

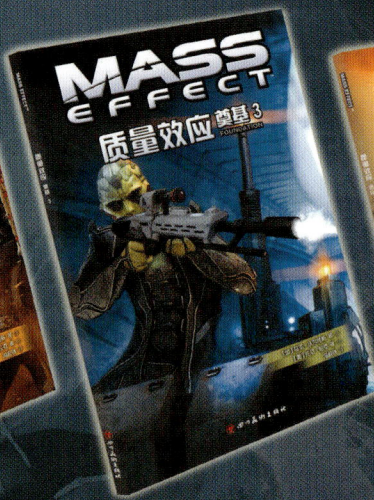

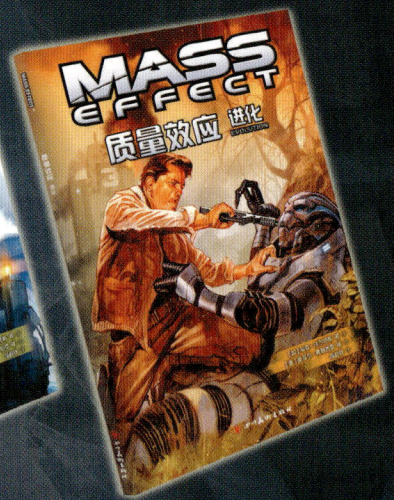

质量效应 官方漫画
地狱犬机密大曝光！

目录

序言
凯西·哈德逊 德里克·瓦茨
007

质量效应1
009

质量效应2
061

质量效应3
131

序　言

《质量效应3》代表了一个难以置信的目标的达成：一个从策划之初就被构想成为三部曲的主流电子游戏大作。更重要的是，玩家在这个三部曲中决定剧情如何展开——他们决定的结果不仅影响这个游戏，而且影响整个系列。

这个计划雄心勃勃，其中最大的挑战有两个：不仅每一部作品都必须受到大家的欢迎——不然就没有续作了，而且——更困难的是——每个游戏都必须完结。不论是哪个挑战，完成者都堪称凤毛麟角。因为这是一个赢家通吃的行业，游戏经常遭到延期甚至取消。不仅我们在Bioware的团队力求每作游戏都臻于完美，而且每一作都必须叫好又叫座。这不仅是对Bioware每位艺术家的天才和专业精神的考验，也是对他们在"质量效应"宇宙创造性前瞻目光的考验。

在过去的八年中，我们一直为这个三部曲奋战，我们看到"质量效应"宇宙逐渐成形，从2004年试验性地画下第一笔，到《质量效应3》中玩家能体验到的无比真实的壮观世界。尽管我们一直致力于创造出一个宏大的新宇宙，让玩家在其中探索，但我们从来都没有想象过全世界粉丝竟有如此热情洋溢的回应。对他们，也对我们自己来说，《质量效应》已经不仅仅是一个游戏，它已经成为一个充满友谊、对抗、奇绝美景与激动冒险等无数回忆的地方。

很荣幸能与艺术团队共同创造"质量效应"宇宙，我们的合作充满乐趣。这本书记录了我们的艺术历程，希望你们喜欢这本书。

凯西·哈德逊
执行制作人

从我第一次与凯西坐下来讨论《质量效应》算起，八年时间倏忽而过。当时除了这个项目的代号是"SFX"，其他一切均属未知——我们的任务是呈现一个新的宇宙，让玩家产生共鸣，在同类作品中出类拔萃，就算在原游戏终结很长时间之后，依旧有足够丰富的元素进行各种授权，这是一个让人吓一跳的创意。

在对"质量效应"宇宙进行规划的时候，我们就一直把几位艺术家和建筑师放在心上。我们从希德·米德、约翰·哈里斯、约翰·伯基还有桑迪亚哥·卡拉卓瓦那里汲取灵感——我们曾向多位风格独特的大师寻求过帮助，他们只是其中的几位。我们仔细看过成千上万的图片以及数不清的电影，将一切可资参考的元素都提取出来。

看着《质量效应》逐年成长起来，是一种十分奇妙的感觉。一开始，我们总是不停地将它与别的游戏和艺术家做对比。到后来，随着这个系列逐渐成长并日臻成熟，我们开始听说其他游戏如何向我们看齐。人们看到新的游戏出来，就说："嗨，这个游戏看起来很像《质量效应》！"

为了创造规模如此宏大的世界，所完成的海量工作无法言喻。数百位艺术家绘制了上万张概念图，进行了无数个小时的工作，本书区区的封面和封底之间并不足以展现他们的激情与奉献。没有他们，我们注定无法看到这个宇宙，而《质量效应》也只会沦为无数被大家遗忘的游戏中的一员。希望这本书能成为一扇窗户，能让大家看到艺术家们头脑中的理念，并向大家展示他们如何协助我们创造出这个名为"质量效应"的宇宙。

德里克·瓦茨
艺术总监

» 质量效应 **1**

贝尼西亚女族长

　　贝尼西亚女族长的外形设计主要突出了阿莎丽人的外形之美和神秘力量。她拥有黑暗与神秘的特质，这使得她与萨伦结成同盟。我们格外留意她的发型与头巾，很有宗教的意味与皇家的服装风格。

　　下图是阿莎丽突击队的早期概念图。尽管很多概念图的服装非常飘逸，但是从设计角度来说，军事风格的紧身衣更为合理。

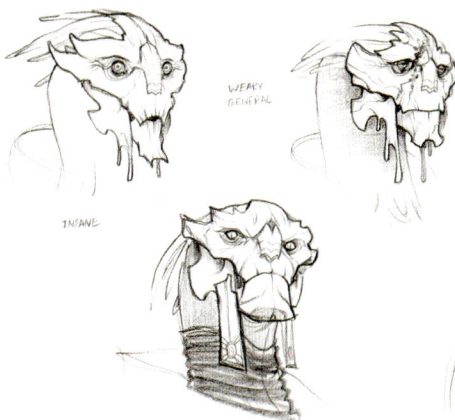

SAREN

BRUTAL BATT

RUTHLESS

SAREN

HAUNTED

BLAH

SCARRED
AND PUKED

WEARY
GENERAL

INSANE

　　左上角是萨伦的早期概念图，表现
出他尽管身体衰老弱小，但依然拥有惊人
的生物异能的特征。右边的概念图是头脑
风暴的结果，探索性地采用了多种头型特
征、疤痕和饰品。我们最终决定，与绝大
多数突锐人不一样，萨伦没有文身。我们
用醒目的头饰和可见的收割者机械来反映
他受到的"教化"。

这些设计尝试了萨伦护甲的不同设计思路。我们最终决定展示严酷的"教化"痕迹，并通过赋予他机械化手臂显示其收割者的神经机械特征。

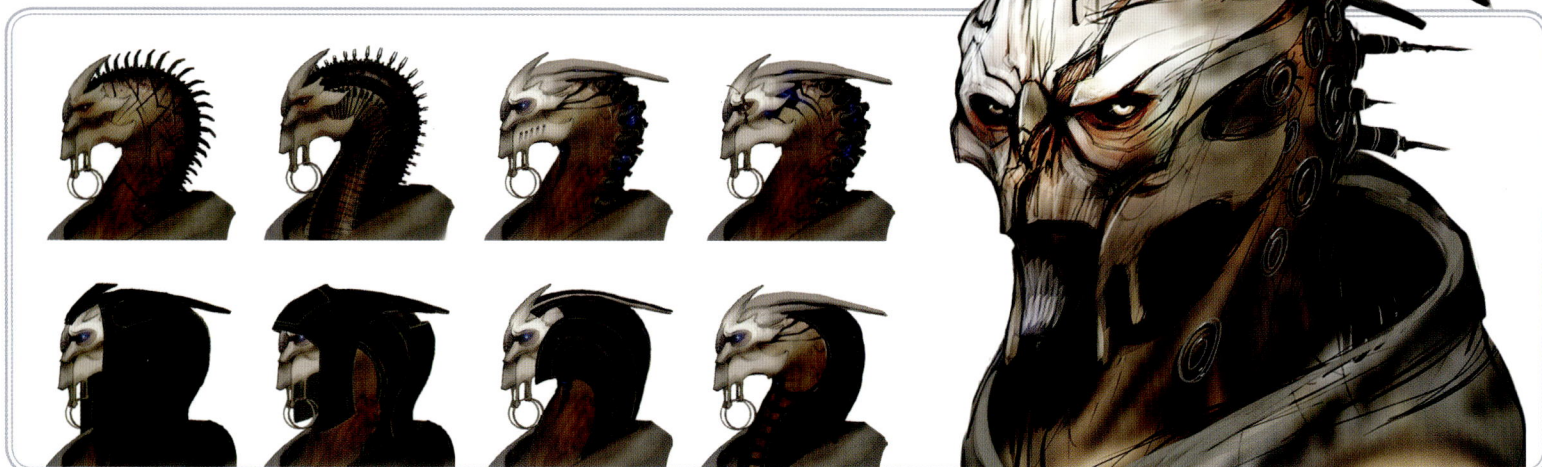

我们为萨伦的头部试验了几个概念图。他的最终形象与其他突锐人类似，这样他就可以轻易地融入突锐社会，而非一看就是个凶神恶煞。

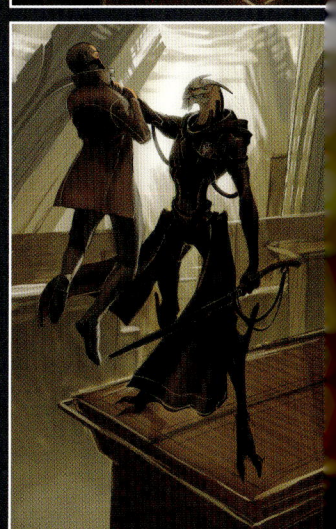

ASH

KAIDAN

ANDERSON

JOKER

人类

这是一些人类海军陆战队员的人物素描，包括阿什莉、凯登、安德森和小丑。这些速写能够帮助我们建立起对每个人物的标志性印象。

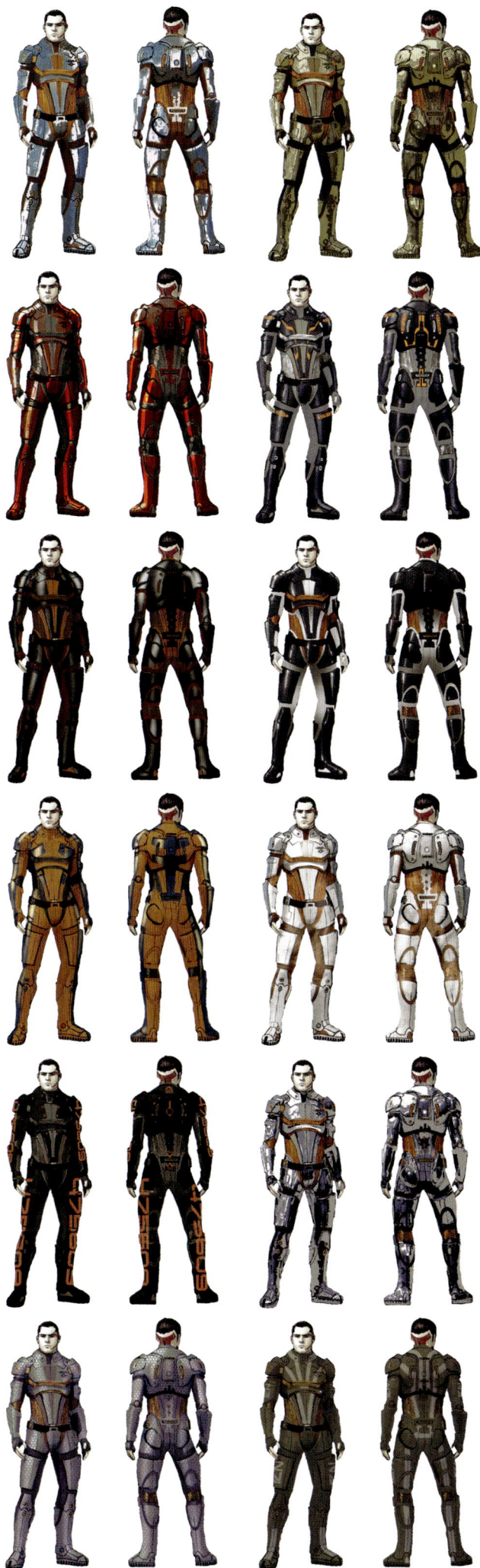

我们为护甲画了很多备选的草图。一开始，薛帕德的护甲是红白两色，不过这样的话薛帕德太像医疗人员，而不是一个时刻准备战斗的海军陆战队员。我们最后为护甲选择了炭灰色，并加上了红白条纹，还有标志性的N7标记。虽然薛帕德的护甲在之后的每一部游戏里都有变化，但这些元素始终保持一致。

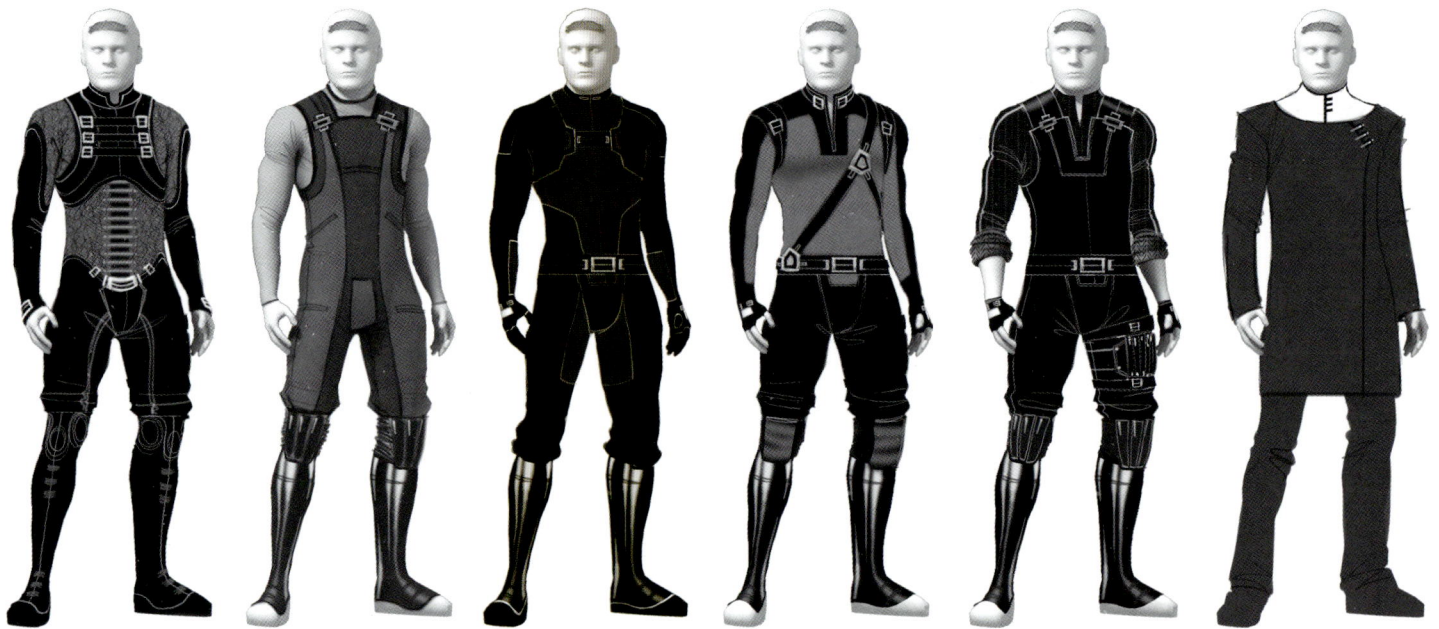

2183年人类的服装概念图，包括矿工、囚犯、妓女等，甚至包括穿着危险品防护服的殖民者。通过对这些概念进行标准化，我们找到了人类角色的通用视觉语言。

阿莎丽人

　　我们认为《质量效应》中的一个主要种族应该是漂亮的蓝色异星女孩，从而增添一点熟悉的科幻元素。我们对这个理念进行了大量探索，认为阿莎丽人应该既有异域风情和异星感觉，又有人类特征，从而赢得大家的喜爱，并且让人想要亲近。她们头皮上的触须最初的灵感来自女人刚刚浮出水面时头发拢在后面的样子。

　　阿莎丽人的衣服一定要有诱惑性，并且性感，还要有档次和格调——拥有更多的好莱坞红毯范儿，而不是脱衣舞娘风（除非这个阿莎丽人真的是一个脱衣舞娘）。一旦我们定下阿莎丽人的一般外形，我们就开始试验细节，比方说头皮上的触须。

突锐人

诚如莱纳斯·鲍林[1]所说，"想出一个好主意的最好办法就是想出很多个主意。"我们为异星种族想过很多主意！负责写作的部门想到了一个主意，就是像鸟一样的种族。我们于是在很多方面都用到了这个创意。以此为出发点，突锐人鸟腿鹰头羽冠的形象诞生了，不过他们也有一些很显然并非鸟类的特点，比方说面部用以抵御母星上的辐射的甲壳。这让他们看起来更像个外星人。

1　莱纳斯·鲍林，美国化学家，1954年获得诺贝尔化学奖，1962年获得诺贝尔和平奖。

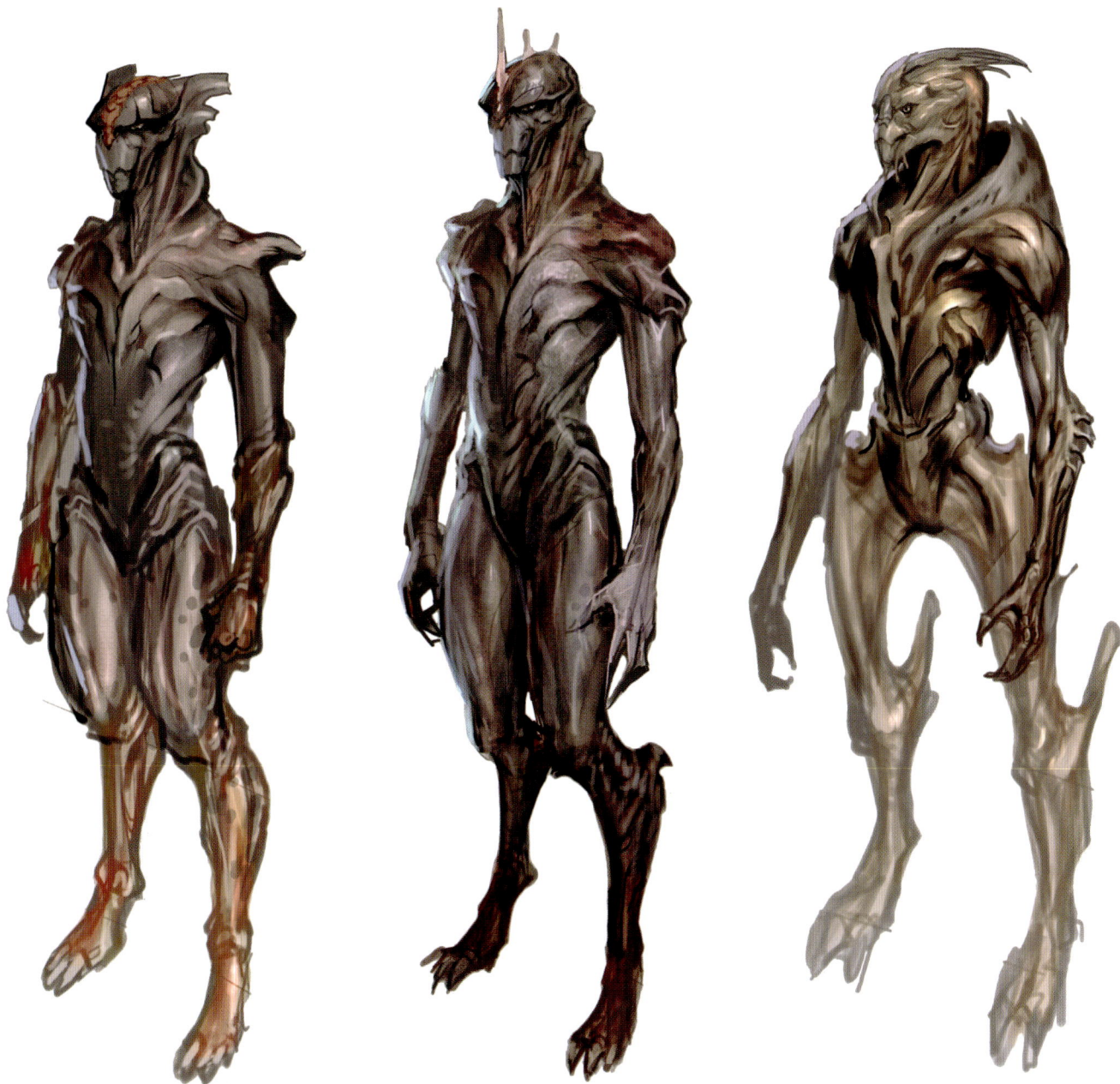

上面是突锐人身体的设计，包括了最终选用的版本。《质量效应》中的绝大多数外星人在设计时都没有衣服和护甲，我们在之后的流程中才添加这些元素，这样就迫使我们保持设计的一致性和完整性，以免模型在衣服下面缺少细节特征。下图是各种突锐人头部的不同形态。我们一完成头部设计，就开始努力增加装饰，让每个突锐人看上去都独一无二。

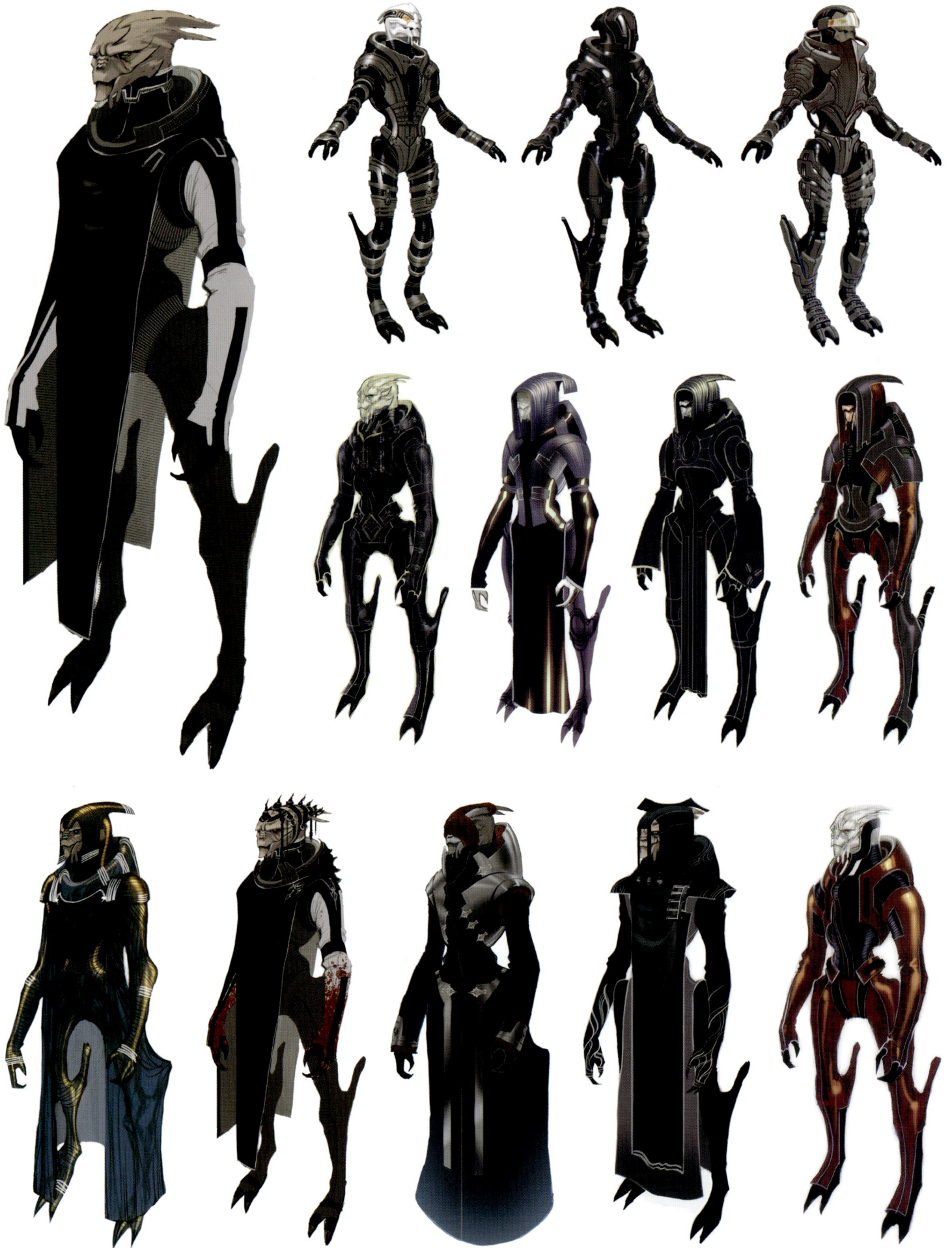

上面的概念图是突锐人各种风格的护甲，包括轻型和重型版本。对于他们的衣服，我们在人类与异星风格之间加以平衡，为突锐人的头冠、从小腿往外突出的骨头，以及肩膀上的甲片留出了空间。

克洛根人

克洛根人被定为成一个长期身处战争当中的种族。他们显然是半爬行动物，不过创造他们的一个早期灵感是蝙蝠。我们还参考印度犀牛，为他们的身体设计出了厚厚的皮肤。

为了让莱克斯显得鹤立鸡群，我们在他的头冠上增添了一抹颜色，并且在面部增加了深深的疤痕。让人一望便知他曾身经百战。

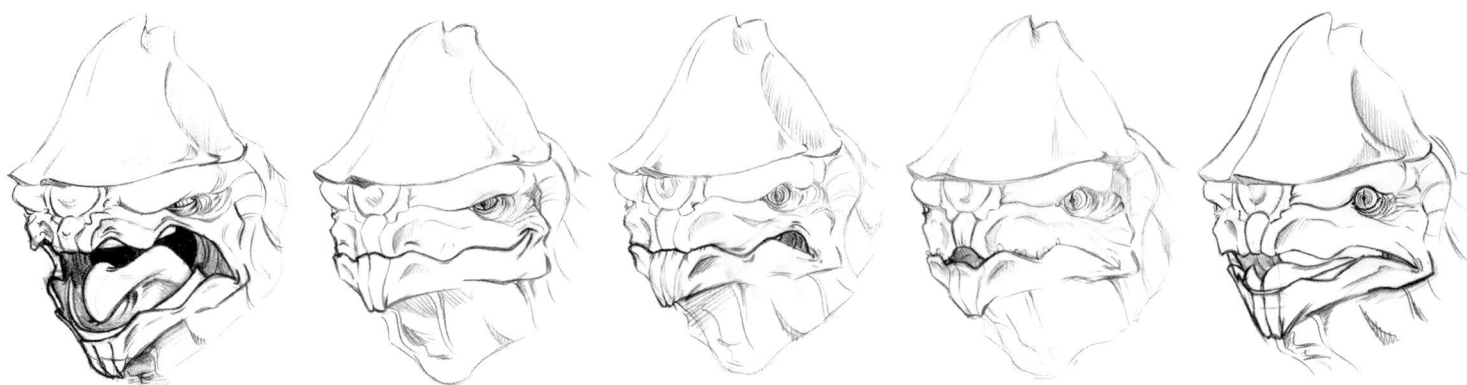

上面的概念图表现了克洛根人的面部表情，有助于制作动画。下面的表情用来上色，包括莱克斯的最终建模。

　种族：克洛根人

　　早期克洛根人的躯干设计（上页）包括形似猩猩这样的大型生物。由于动画制作的限制，绝大多数设计都被舍弃了。图中上半部分是各种克洛根护甲，包括为身穿重甲的关底头目制作的多款头盔。下半部分是各种克洛根衣饰。不过几乎没有人见过克洛根人不穿护甲的样子，因此这些设计极少使用。

塞拉睿人

　　塞拉睿人是我们所做的"灰色外星人"，只不过长着近乎凹陷的躯干和狗一样的腿。这些独特的身体特征为其衣着及护甲设定确立了所需要遵循的指导原则。最下面的各种设定代表了从开始设计头部到最后完成的每一个步骤，以及不同版本的头像该如何呈现表情。我们画出了他们的表情，来帮助我们确定如何利用数字动作系统表现这些外星人的表情。

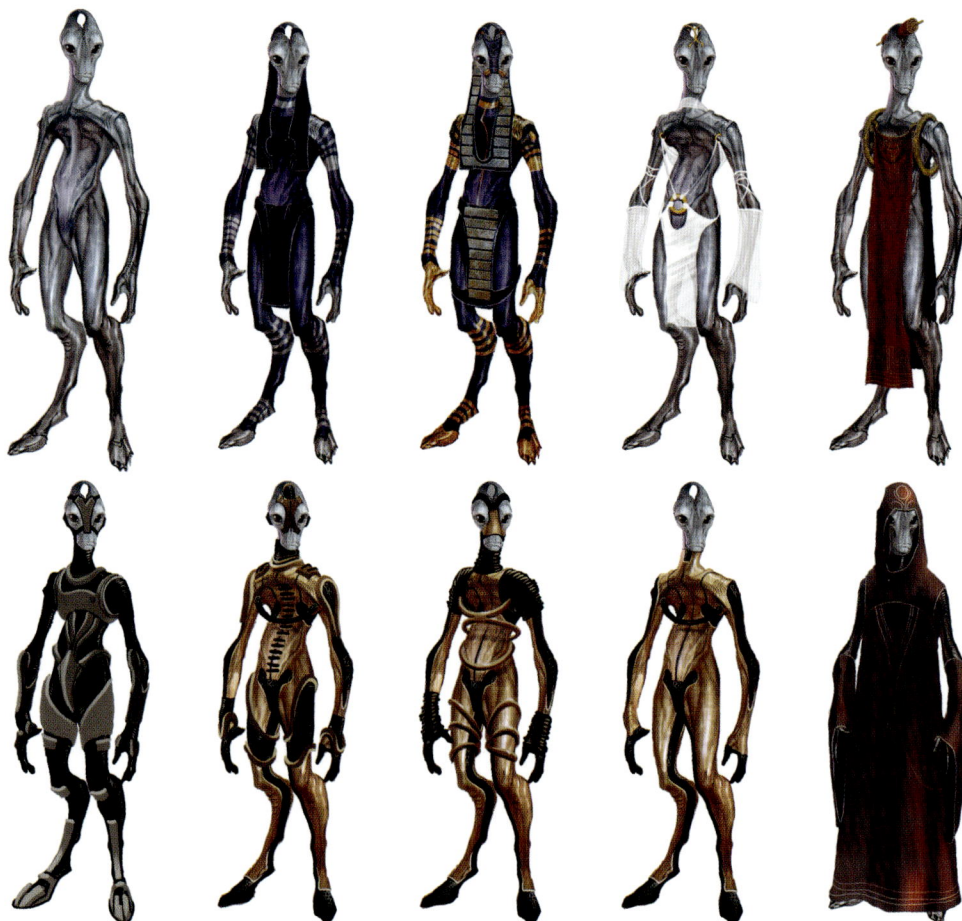

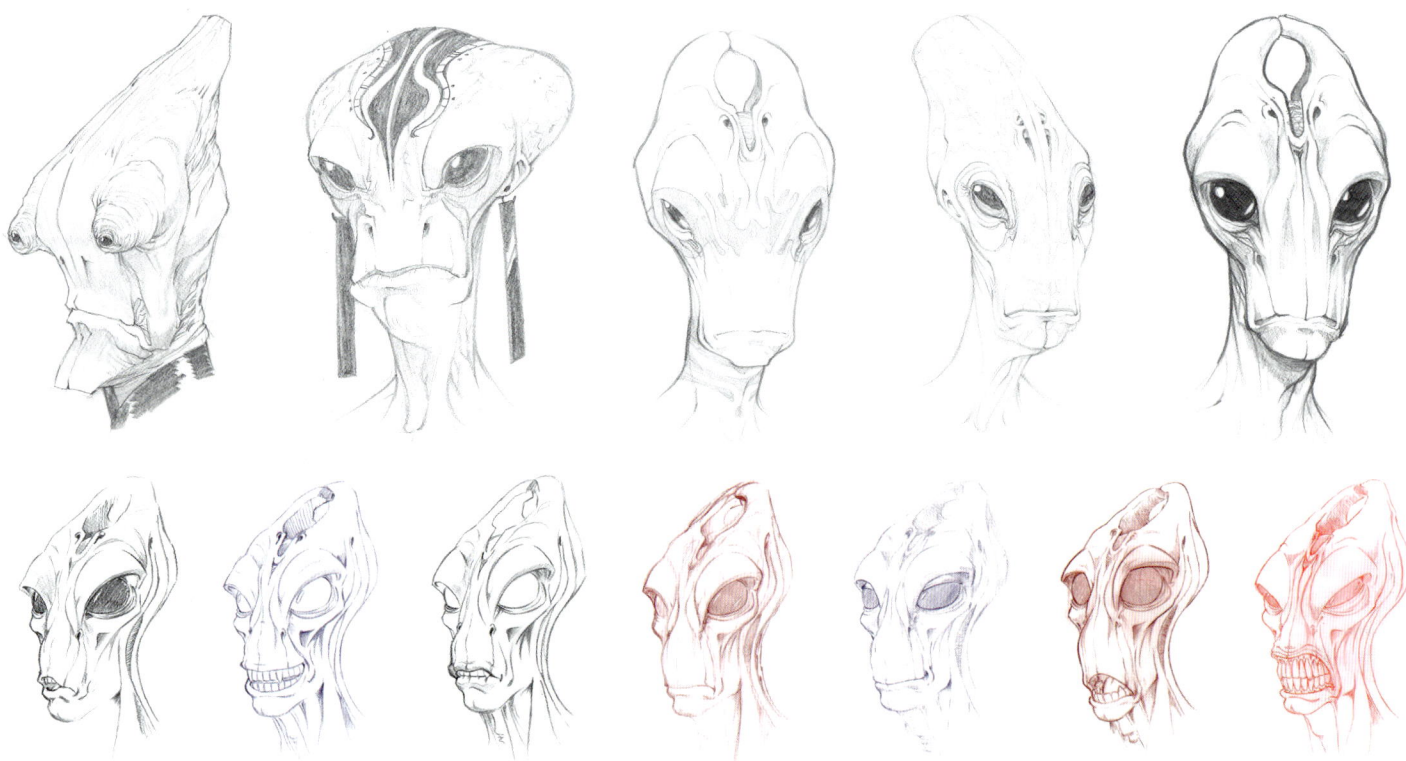

以上是塞拉睿人服装的各种概念素描。除了少数设定，大部分图画都太像人类了，不符合我们的需要。

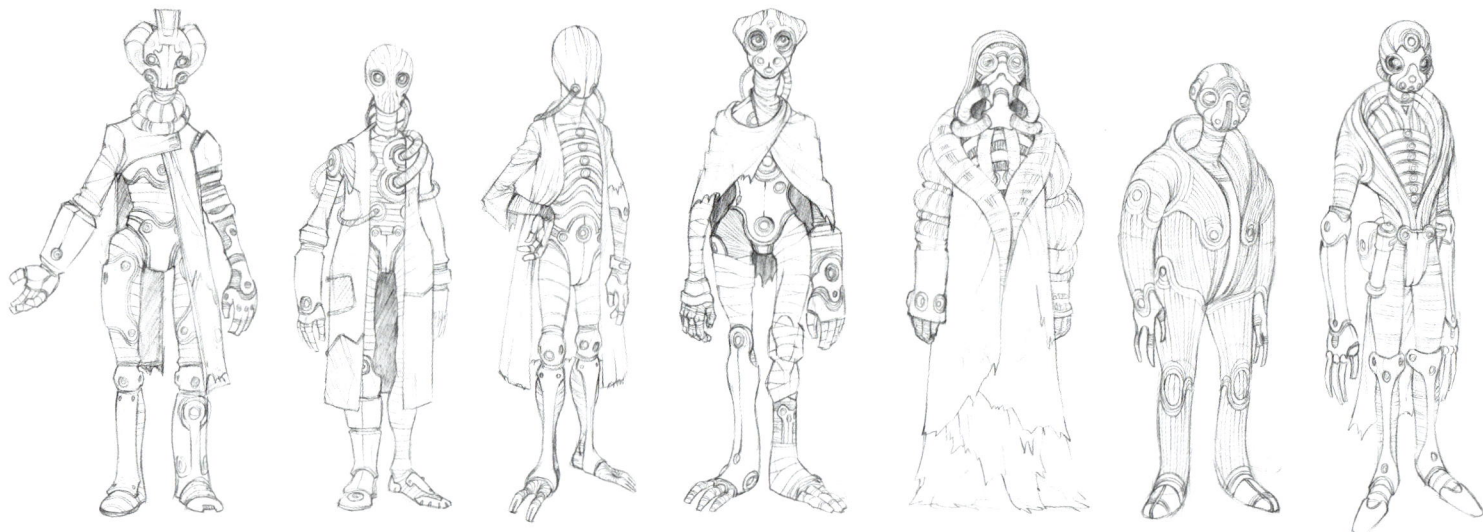

OINK!

GETH

SIDE

4 people have said they prefer this direction, more alien, more feminin

奎利人

　　对塔莉·佐拉的设计给我们提出了一个挑战。我们需要创造一个外星人，她在相当长的一段时间里一个人就代表了自己的种族。我们对奎利人的全部知识就是，他们是一个捡垃圾的种族，并创造出了桀斯。在完成部分画稿之后，我们依然不知道桀斯究竟应该是什么样。最后，我们定下了桀斯的外形，并影响了左下图的奎利人的外形。塔莉的脸上戴着面罩，一直逗弄着玩家，让他们勉强看见一点她眼睛的轮廓，但其他的就完全看不见了。

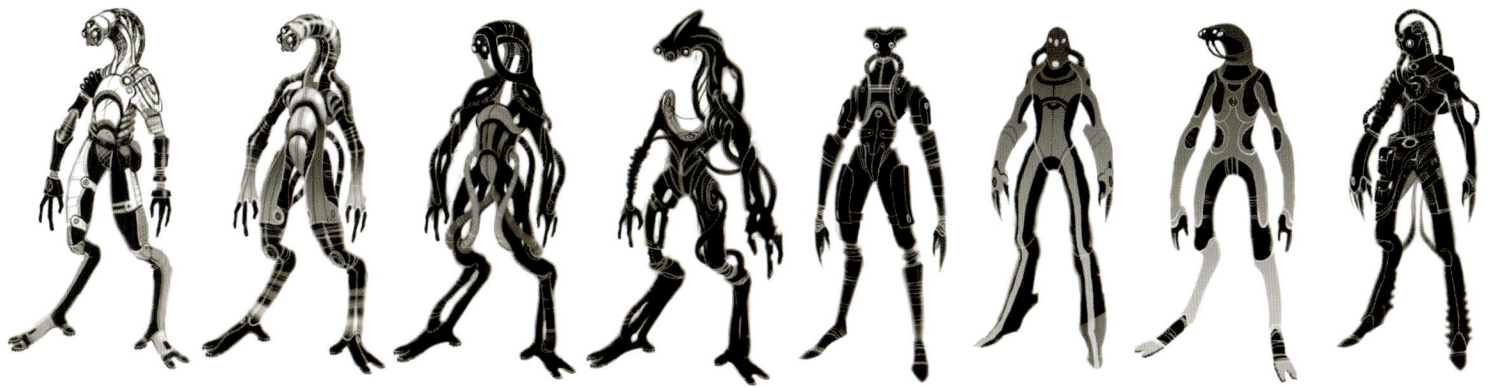

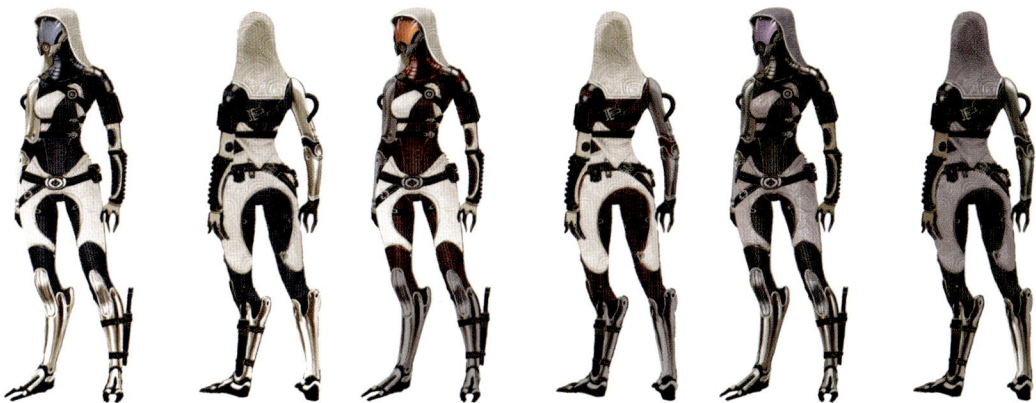

这幅图中你可以看到，从左上角与桀斯极为相似的设计图，到右下角的最终定稿，桀斯是如何影响到对塔莉的设计的。呼吸面罩和服装都是环境服。奎利人的免疫系统非常虚弱，没有环境服就无法长久存活。

艾柯人

在早期概念设计阶段，任何事情都有可能。下面这些图画就是一部分有关艾柯人的比较蛮不讲理的初期设计。最终，建模与动画系统的限制还是对设计有所拘束。

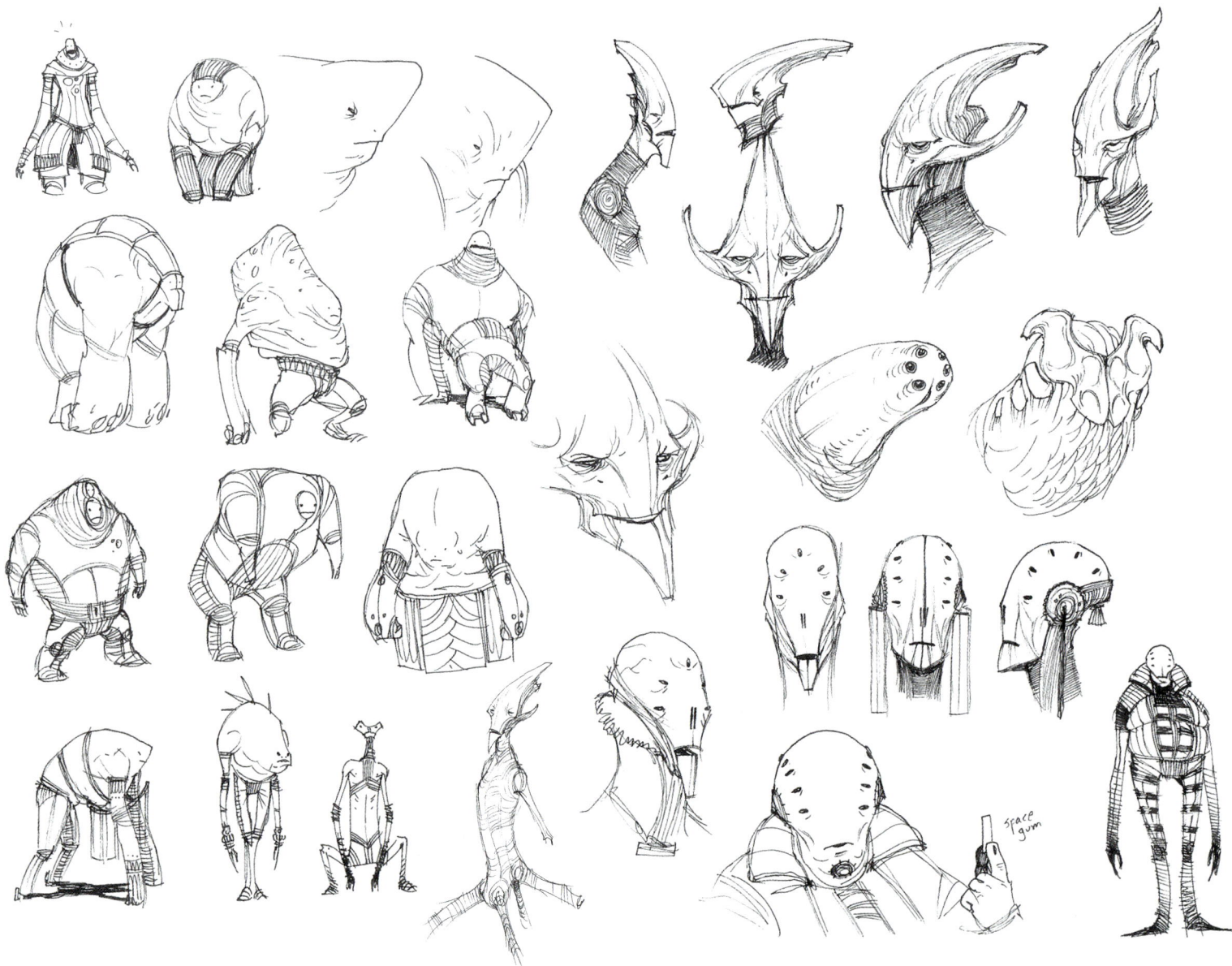

沃勒人

沃勒人也是一个需要全身环境服的异星种族。沃勒人来自一个高气压星球，他们一旦脱下环境服，身体就会破裂，就像深海鱼浮上水面一样。有些概念设计把他们的块头定得非常大。最终他们成了圆滚滚的形状，看起来非常温和。

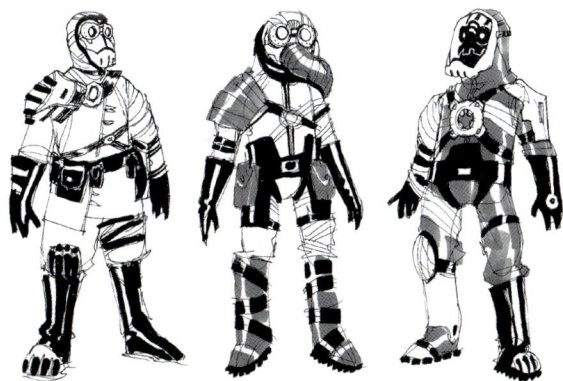

桀斯

桀斯是游戏中最常见的敌人，所以它们一定要与其他科幻宇宙中的敌人有很大区别度。桀斯巨像的头部设计最先确定下来，后来成了所有桀斯头部设计的基础。

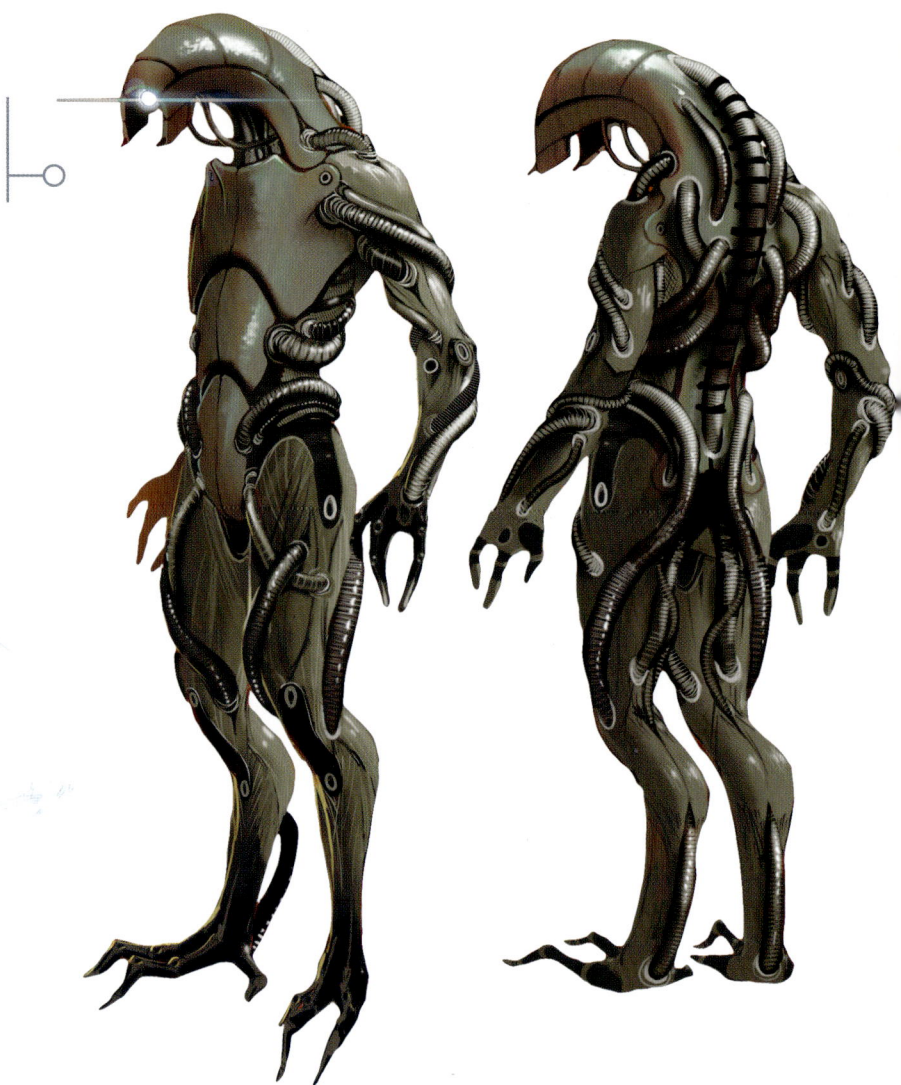

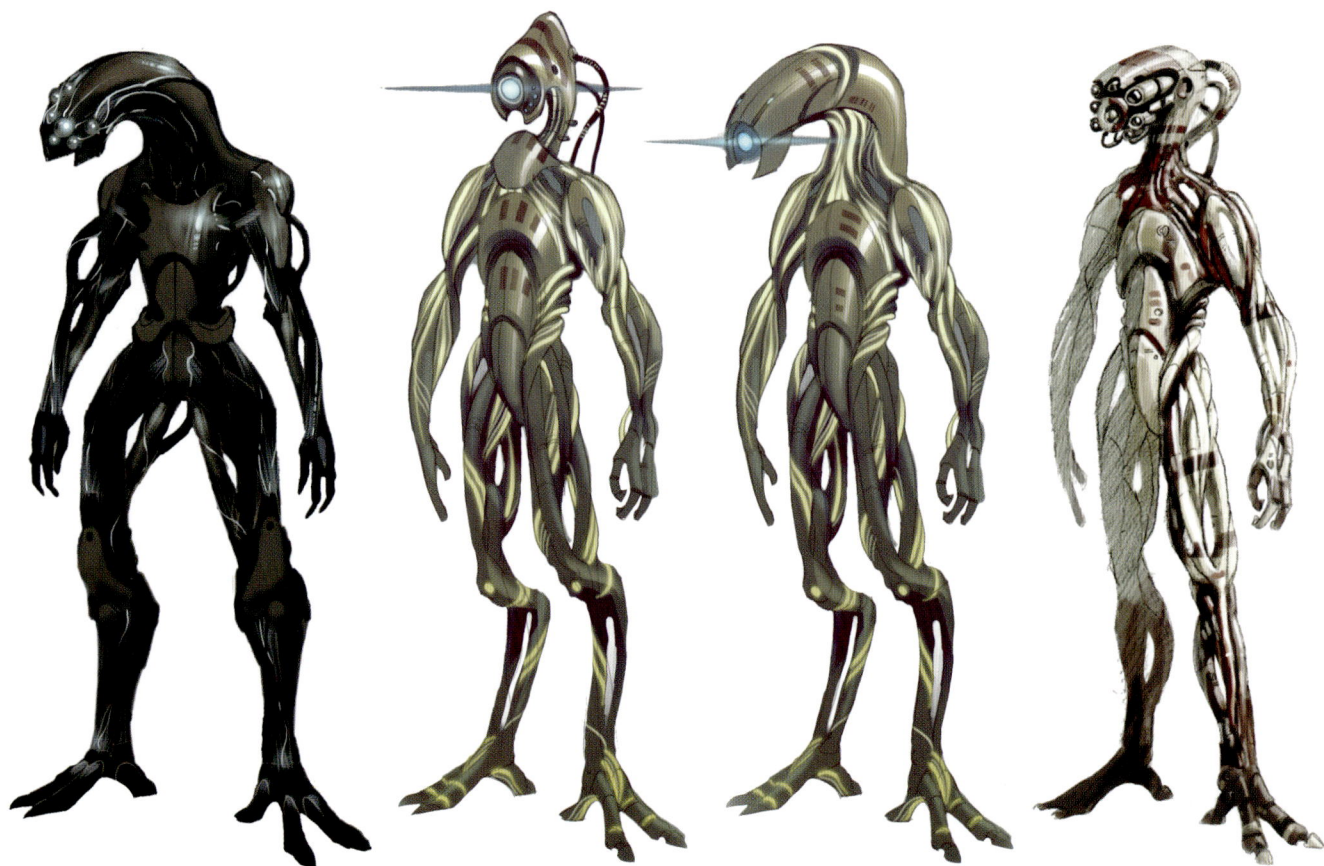

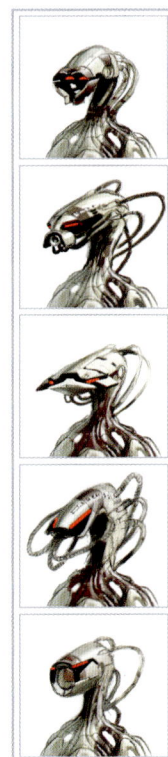

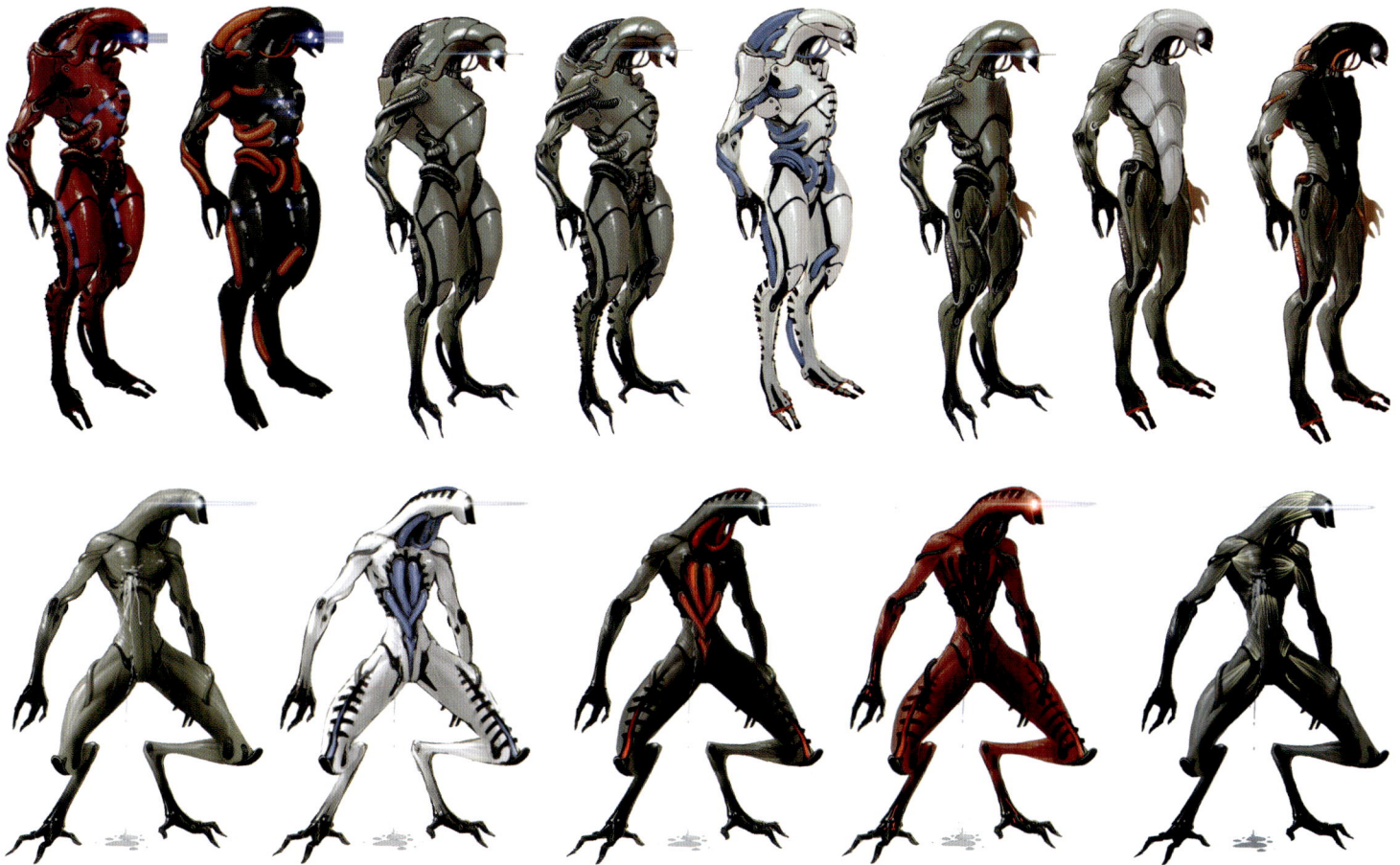

本页顶部的定稿图显示桀斯追踪者如何把自己贴在墙上，就像蜘蛛侠趴在建筑上那样。中间的图显示了对桀斯的各种设计是如何加以精细调整的，比如身体护甲和头部形状。底部图片是桀斯追踪者最终外形的各种变化。

索利安

索利安在办公室被戏称为"怪囊"。它最终被我们设定为几千岁的真菌生物，可以通过释放影响思维的孢子来影响人类，而且能生产出曾经吸收过的生物的克隆复制品。

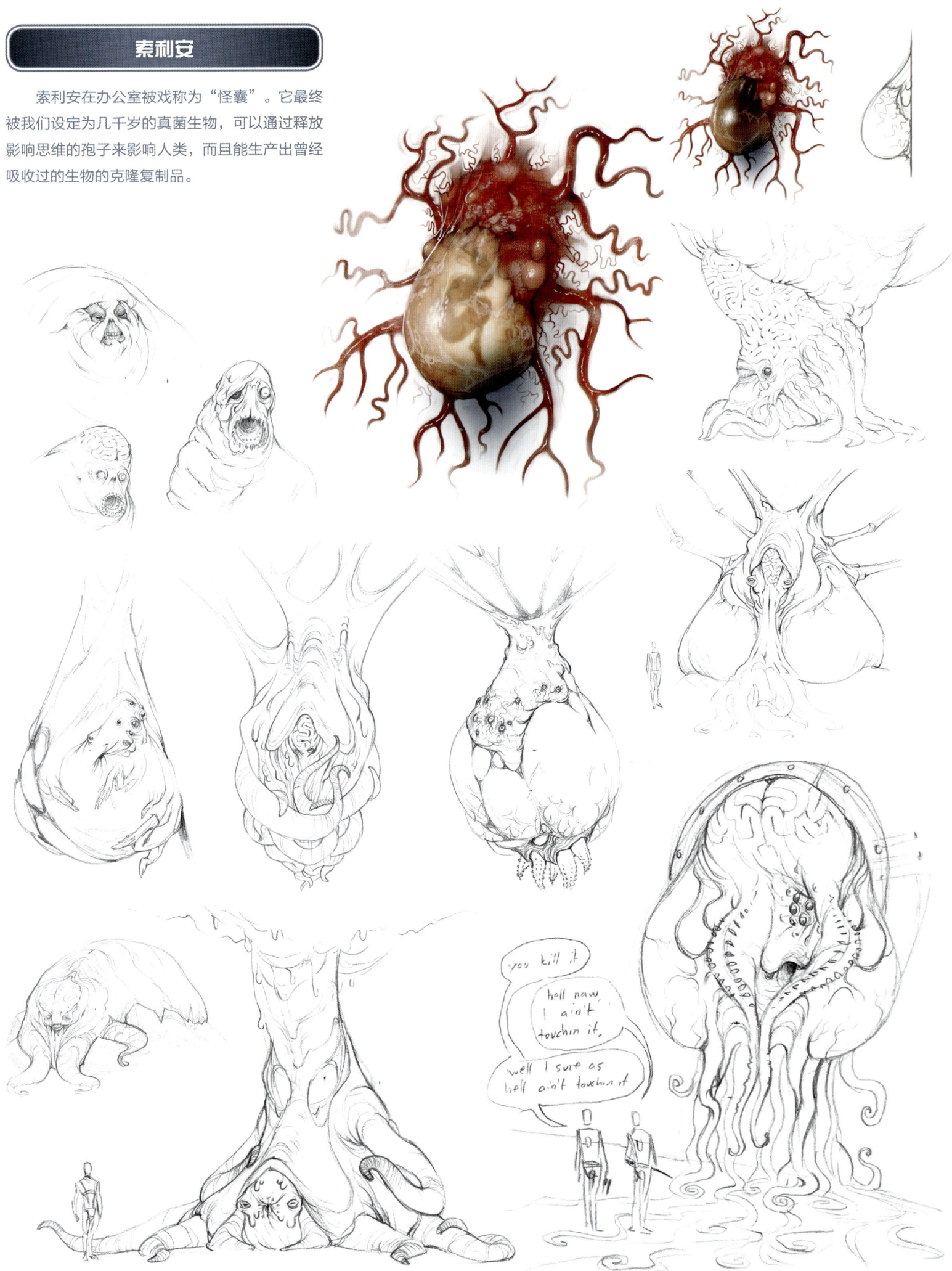

you kill it

hell naw, I ain't touchin it.

well I sure as hell ain't touchin it

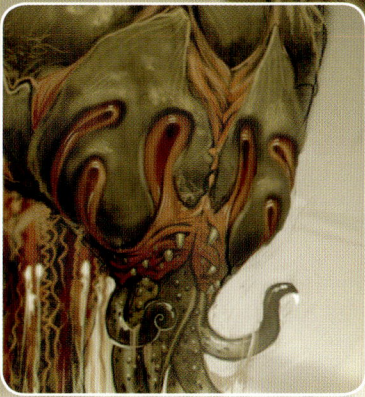

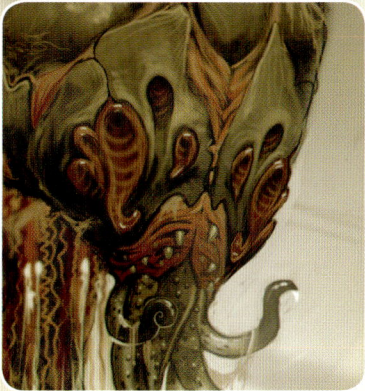

雷克耐

雷克耐女王的早期概念图是设想她被关在一个大水柜里会是什么样子。我们所画的女王从来都没有被整个儿照亮过——一个神秘的形象。她的灵感来自深海生物。

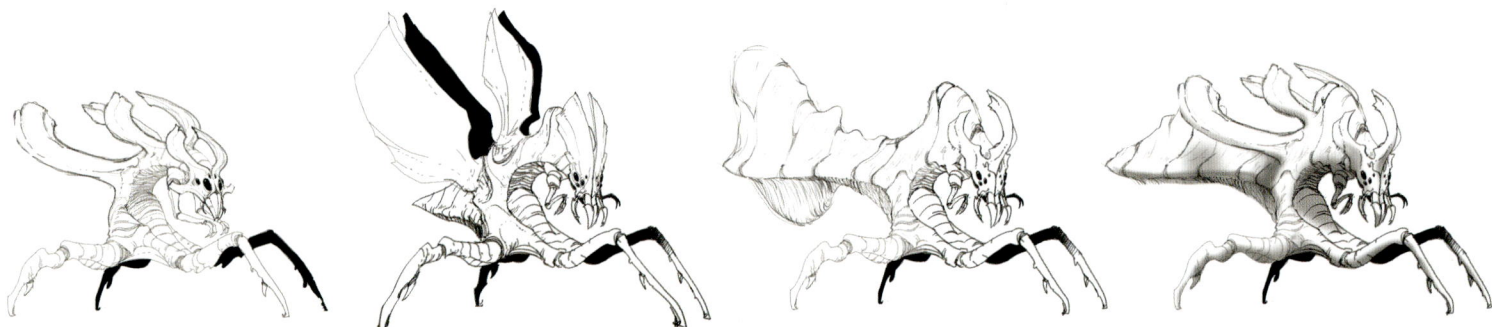

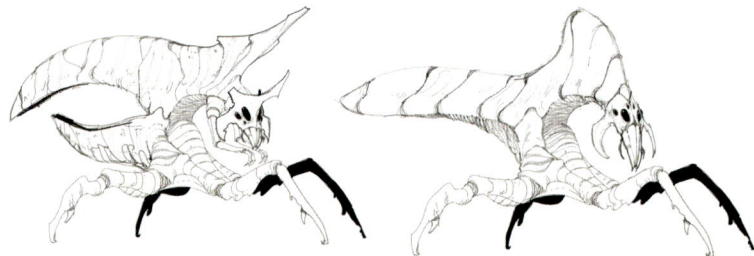

最后，女王的设计比之前更加接近雷克耐战士或者工人，这样才能清晰地显示出他们是同一个种族。我们赋予她更大的腹部，因为根据故事设定，她可以生出一大群雷克耐。

为了创造雷克耐，我们尝试了各种各样的创意。最初的想法是设计出一个长臂生物，长臂可以伸出去刺透玩家，最后他们的长臂变成了鞭子一样的东西。

神堡是银河系政府所在地，因此这里的关卡设计也最能代表《质量效应》的建筑设计风格。这座城市运用了巨大的曲线线条，掠过一道道垂直线条，为的是确立《质量效应》的面貌特征。

它的真实设计灵感来自一个带有圆环的五边形雕塑。五条边构成了行政区分支。每一个行政区都是一座曼哈顿那么大的城市。圆环成了主席团区。后来我们加上了神堡塔，理事会成员稳居其中。我们进行了3D建模，这样可以直观地展现神堡从一个开放式空间站变形成为密不透风的甲壳的过程。

下页上半部分的图片展示了早期的神堡内部视图。

下页下半部分的图片展示了主席团区的内部景象——未来的乌托邦，自然与建筑的完美结合。我们参考了美国国家航空航天局（NASA）的概念图，包括"斯坦福环"[1]设计。早期的神堡概念图也有可以透视太空的窗户的设计，不过这个设定最后还是被舍弃了，因为它给游戏测试员带来了极大的困扰。

1 斯坦福圆环于1975年由NASA在斯坦福大学进行的一项研究中提出，为未来太空殖民地使用。圆环可以不停旋转以提供人工向心力来模拟重力。典型的斯坦福圆环可供一万至十四万人居住。

韦尔米瑞

韦尔米瑞最初打算设计成一个热带天堂，银河系旅行者的度假胜地。岩石构型的灵感来自泰国的皮皮群岛。建筑之间用浮动步道连接，并附着在岩石内建造的结构上——自然和建筑的关系完美和谐。后来这一切设计发生了天翻地覆的变化。由于韦尔米瑞成了萨伦的行动基地，天堂主题因此作废。设计主题转换成"航海要塞"，并补充了大量的水泥墙和重炮。某些最初的概念保留在了关卡里，例如浮动步道和开放式环境。

瑟拉姆

　　瑟拉姆最初是一个围着火山口建成的基地。这个基地有重型设备采掘熔融的岩石。不过这个关卡最终经过重新设计，成为地下采掘场。

诺维利亚

　　科幻游戏中怎能没有冰雪星球？最开始诺维利亚有一片山区之间的低地区域，研究站则高耸在群峰之间。最后，我们去掉了低地部分，免得玩家以为这是两颗不同的星球。峰顶研究站，也就是顶峰15，被设计成迷彩伪装的外表。研究站看上去非常大，以至于和其他高峰浑然一体。最上面两幅图是顶峰15的内景概念图。这些图画背后的理念就是让被包裹得严严实实的管子（我们充满感情地称为"仓鼠管"）悬在冰峰与岩石之间。

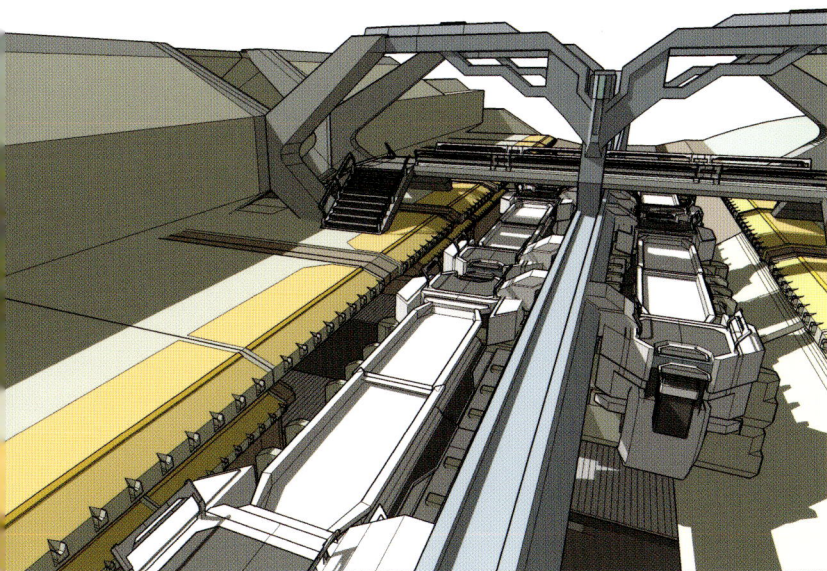

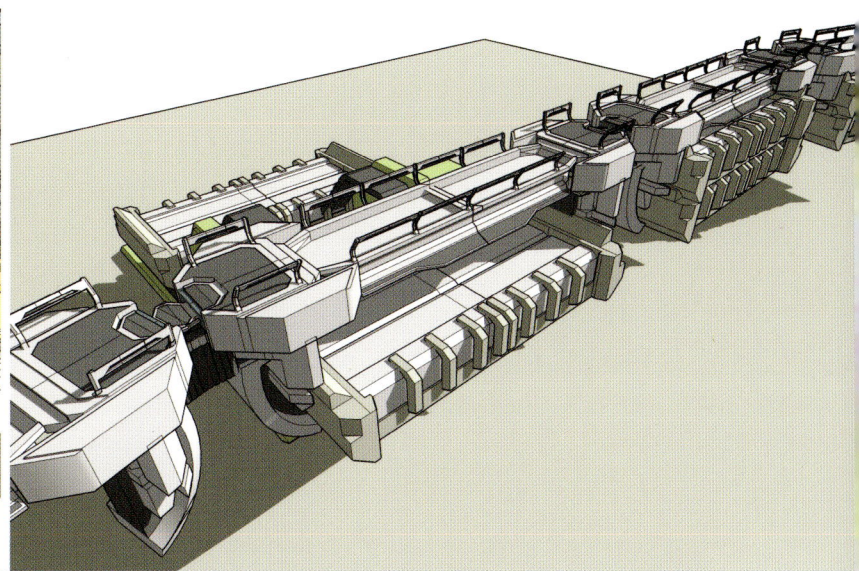

伊甸主星

　　伊甸主星的最初创意灵感来自英格兰的湖区国家公园，那里有湛蓝的天空，和绵延起伏的青葱丘陵。伊甸主星殖民者在这块土地上耕耘，建造了巨塔与悬浮式轨道系统以输送庄稼。然后，我们决定在薛帕德到来之前就让收割者摧毁伊甸主星。因此，新的设计包括战斗损伤，以及最后的游戏中所看到的"被烧红的天空"。

埃洛斯

埃洛斯最初感觉像是埃尔多拉多[1]或者其他消失在丛林中的传奇城市，不过游戏中已经有了几个热带行星，所以我们决定改变这个关卡的样子，使其更有异星情调。我们在重新勾勒这个世界的时候，参考了济斯瓦夫·贝克辛斯基[2]的画作。干枯的珊瑚取代了遍布建筑物表面的树根和植物。我们还给这个关卡重新打光，让整个世界充满衰亡的感觉，就像普罗仙人一样。

1 埃尔多拉多，西班牙殖民者传说中掩藏在南美森林中的黄金城。

2 济斯瓦夫·贝克辛斯基，波兰画家。

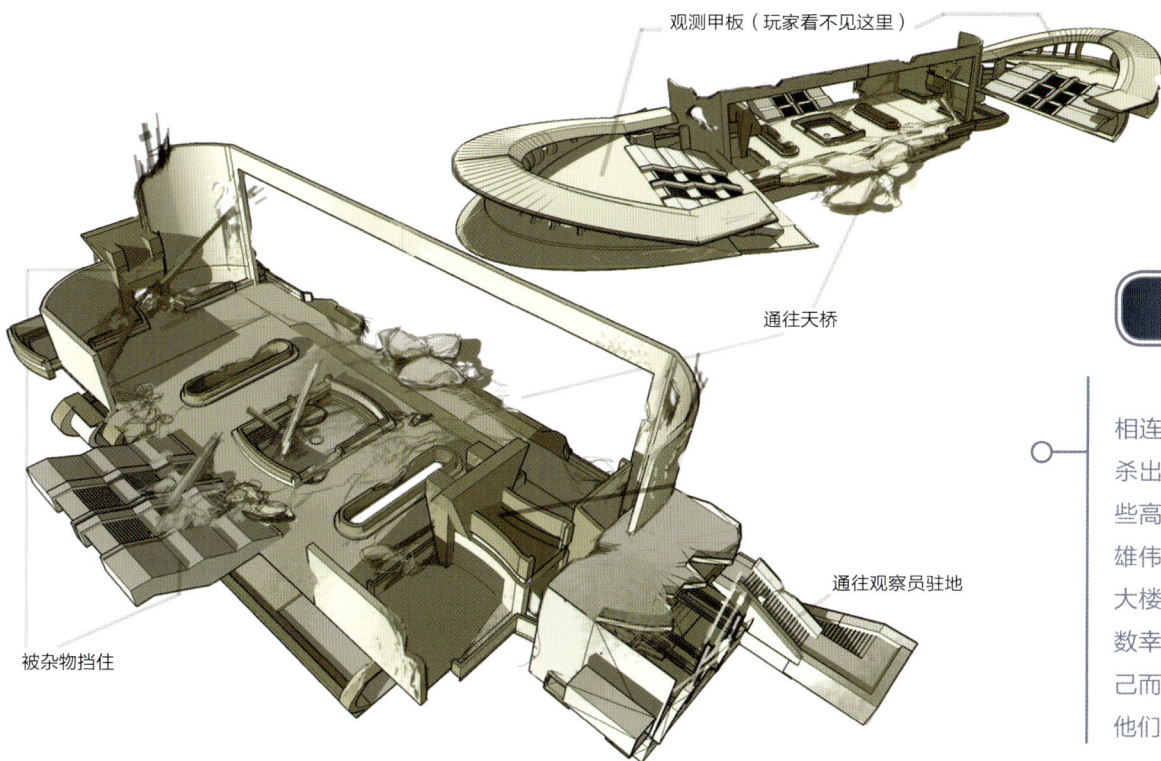

观测甲板（玩家看不见这里）

通往天桥

通往观察员驻地

被杂物挡住

费洛斯

费洛斯上发生的是薛帕德从由桥梁相连的、饱受战争摧残的摩天大楼之间杀出一条血路的故事。我们想要展现这些高达数公里的超级摩天大楼史诗般的雄伟气势。不过玩家到达的时候，这些大楼大部分已经被桀斯摧毁了，只有少数幸免。左图展示了殖民者们为保护自己而建造的护盾与屏障的控制中心，由他们的一艘货运飞船提供动力。

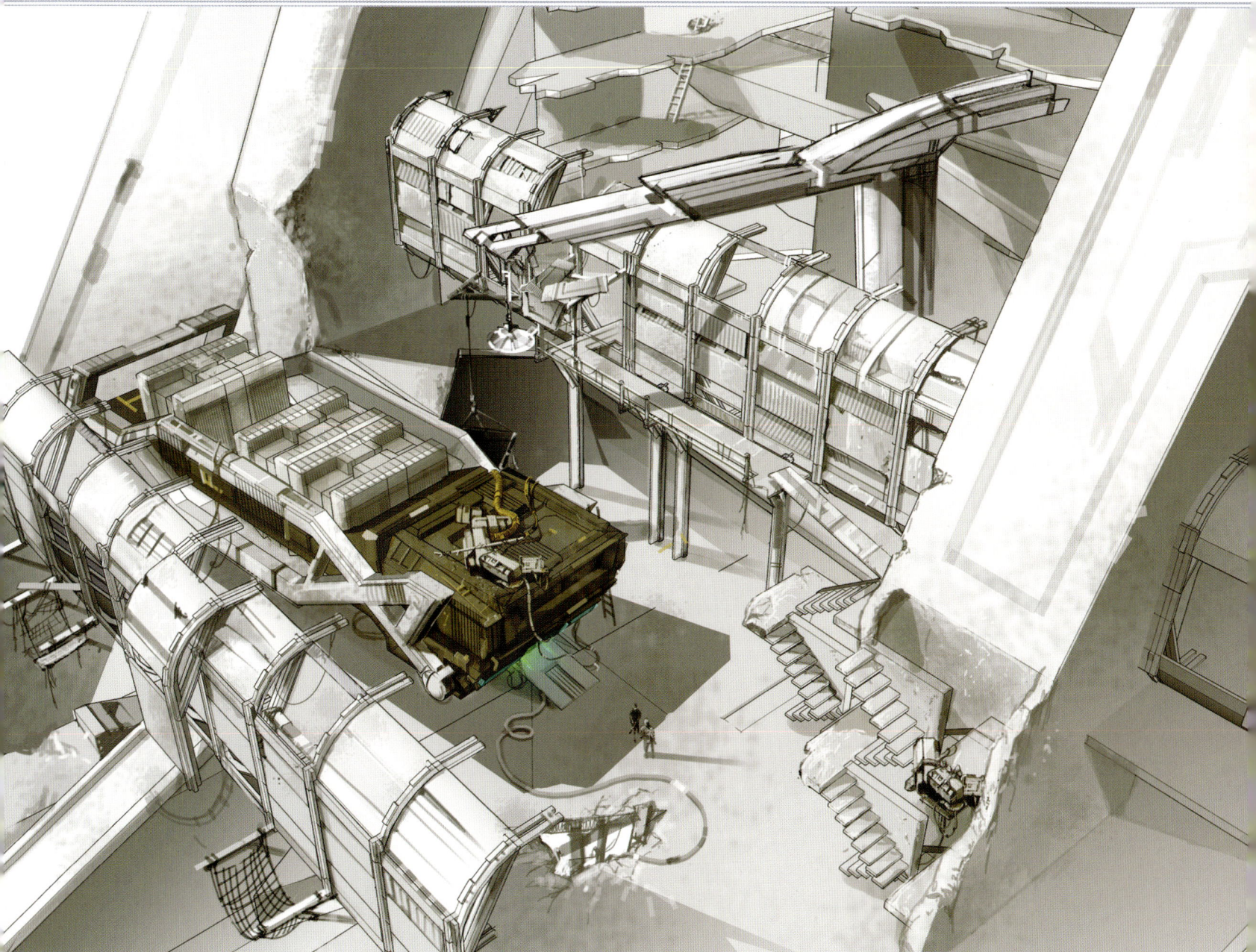

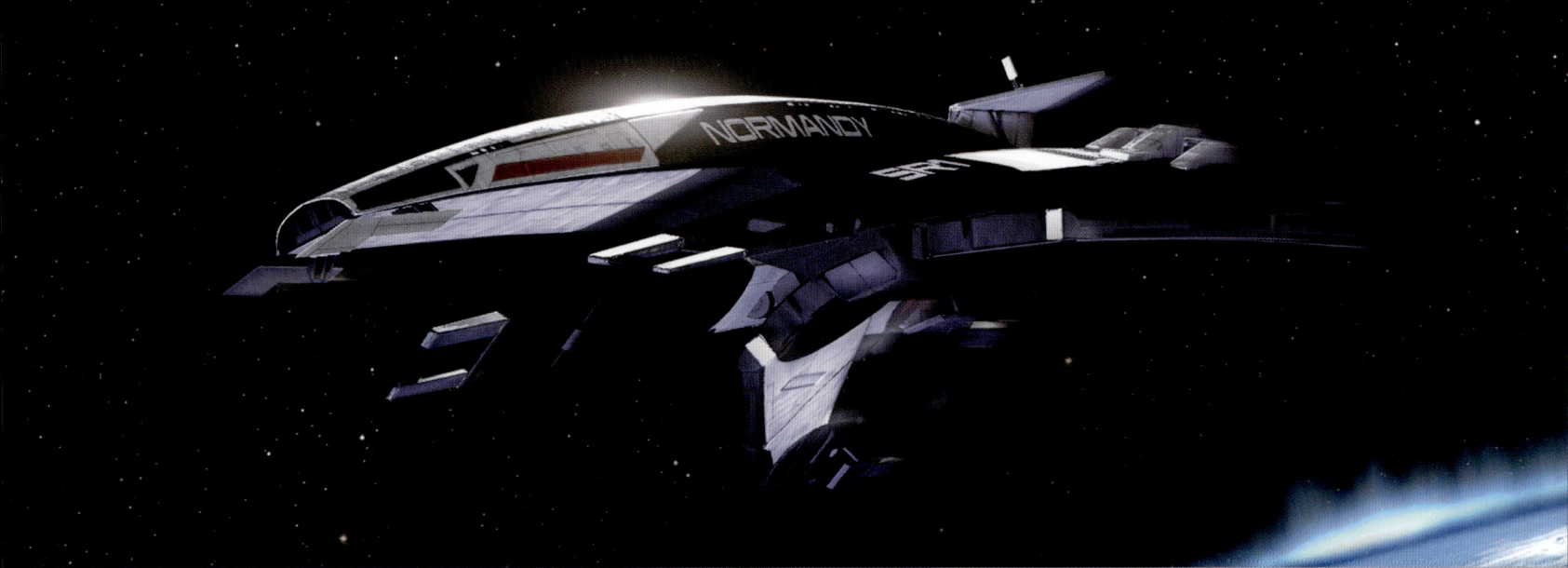

"诺曼底号"

早期的"诺曼底号"概念图探索了各种可能，包括战斗舰、巡洋舰、走私船和潜行侦察舰。最终它成了一艘军事试验原型舰，配有大量船员，并拥有足够的货运空间来容纳灰鲭鲨战车。虽然它其实可以在行星表面着陆，但我们故意没有为"诺曼底号"设计任何看得见的着陆设备——它只是悬浮而已。当飞船停进"神堡"这样的空间站时，港口的机械臂会伸出来，固定到飞船上。"诺曼底号"的最终设计参考了三角翼战斗机与"协和号"超音速客机，外形极具攻击性和未来感。

下面和下页的概念图显示了"诺曼底号"上各种各样的机械装备，这些装备也运用在广袤的"质量效应"宇宙中。

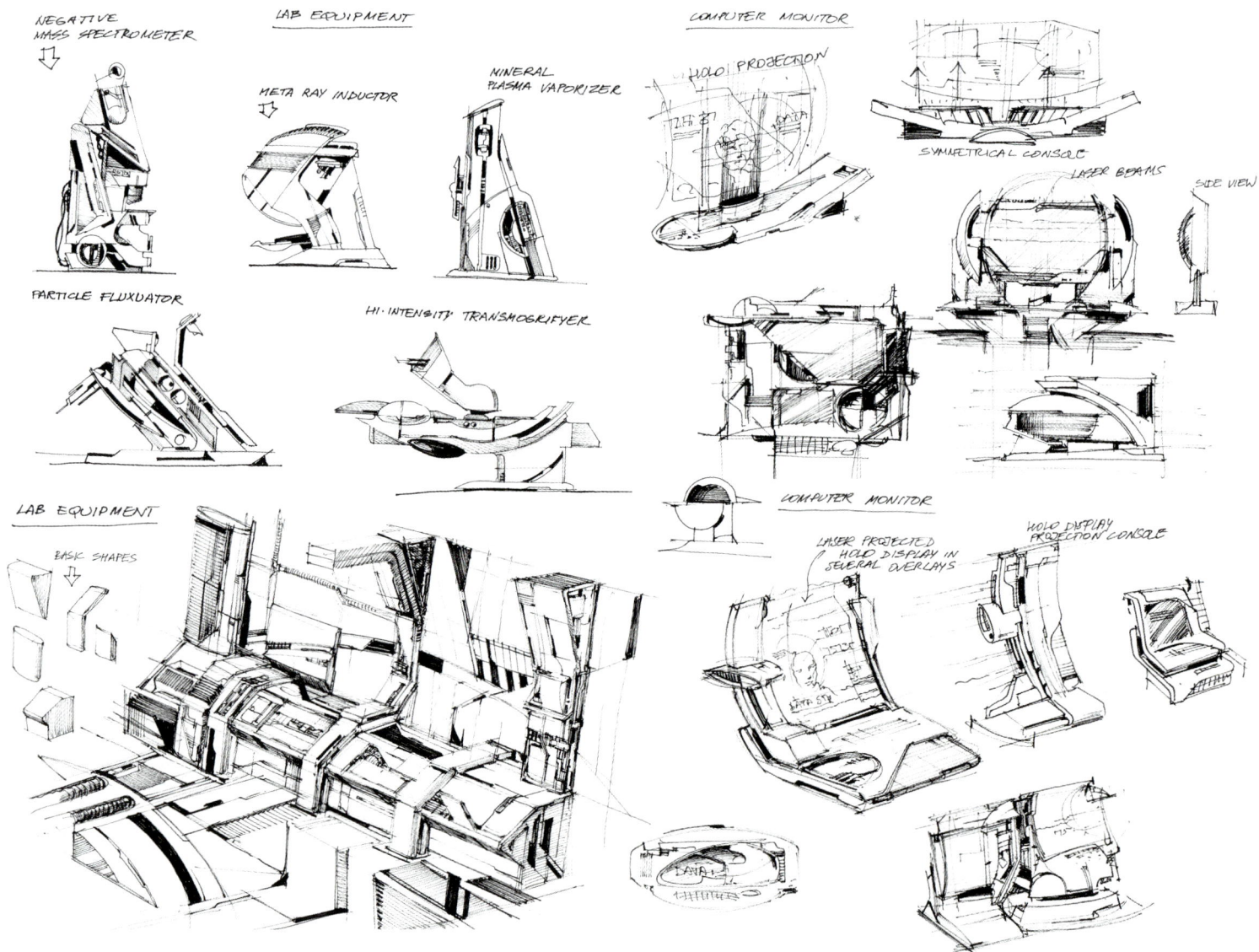

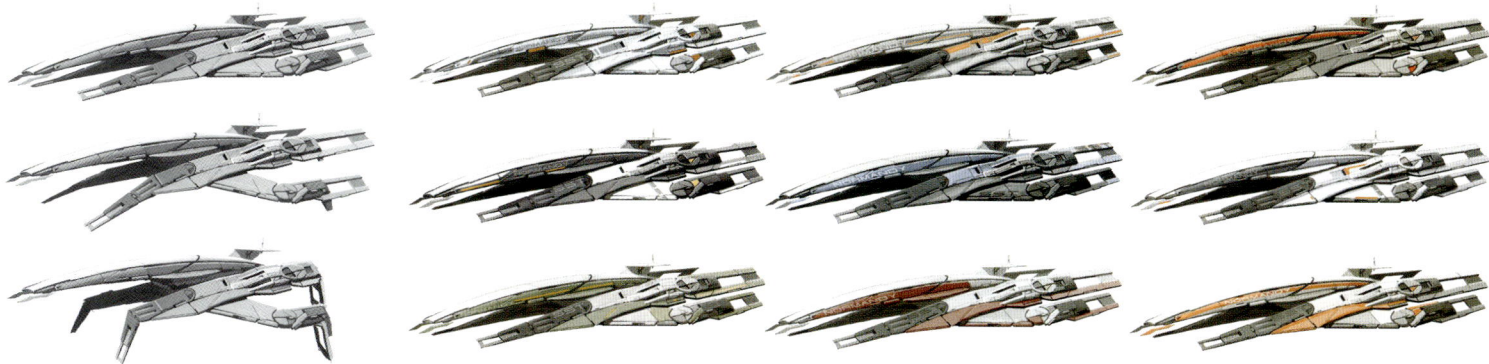

水平仪

侧发动机

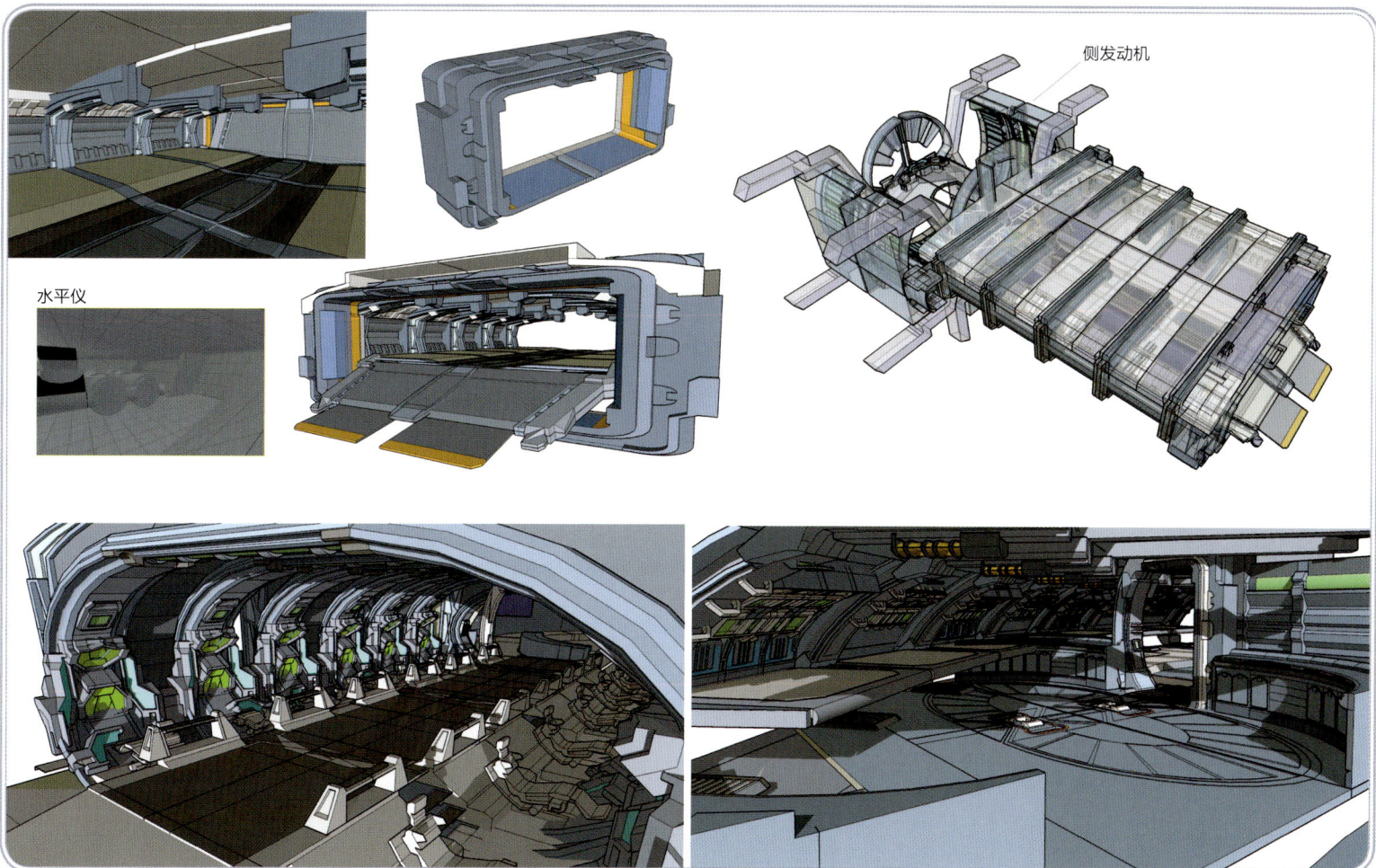

这些图片是"诺曼底号"的导航与货舱区域的概念图。我们要制造出一个空间,可以让战舰上的一大群船员同时在这里舒适地生活几个月。

载具

我们的目标是创建一个辽阔的宇宙，这意味着要创作银河系中海量的各式战舰和载具。联盟战舰的风格要参考装备有双向推进器的"诺曼底号"。最下面的两张概念图最后成了一辆克洛根卡车和一辆阿莎丽人设计的飞行车。

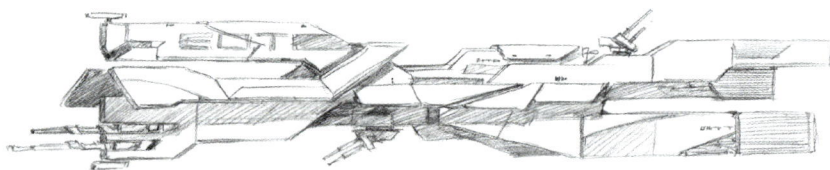

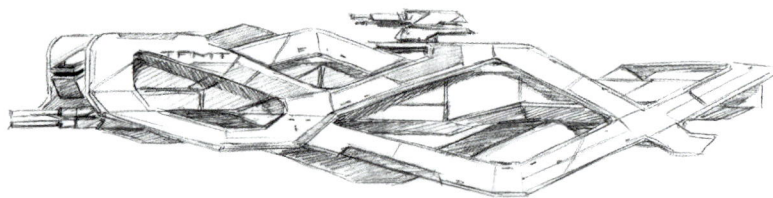

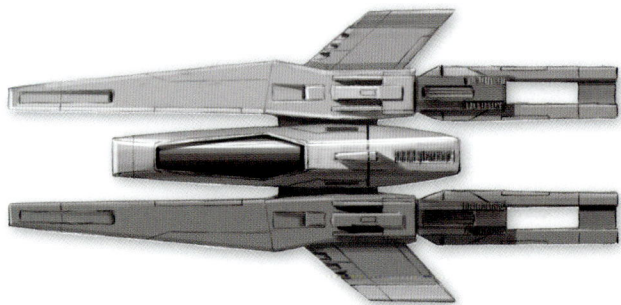

技术装备：载具

灰鲭鲨战车

我们有许多灰鲭鲨战车的概念图。我们尝试过将其设计成越野车、坦克和侦察车。在某些概念图中还把它画成一辆悬浮车，这个概念在设计《质量效应2》的"锤头号"时重新浮现出来。最后我们决定参考现代的装甲运兵车。我们为它安装了一块暗色装甲前风挡玻璃和六个轮子，后来这种设定成了"质量效应"宇宙里重型车辆的标准配置。

头盔

　　"质量效应"宇宙里头盔概念图是最多的，比其他任何东西都多。我们画了200多张原型图，只为了确定薛帕德的头盔应该是什么样子。我们在充满未来感的封闭面罩式头盔，和类似现代军用头盔的无面罩头盔之间来回斟酌。我们最终还是决定选用无面罩头盔，这样玩家就可以在游戏对话时看到各个人物的表情。

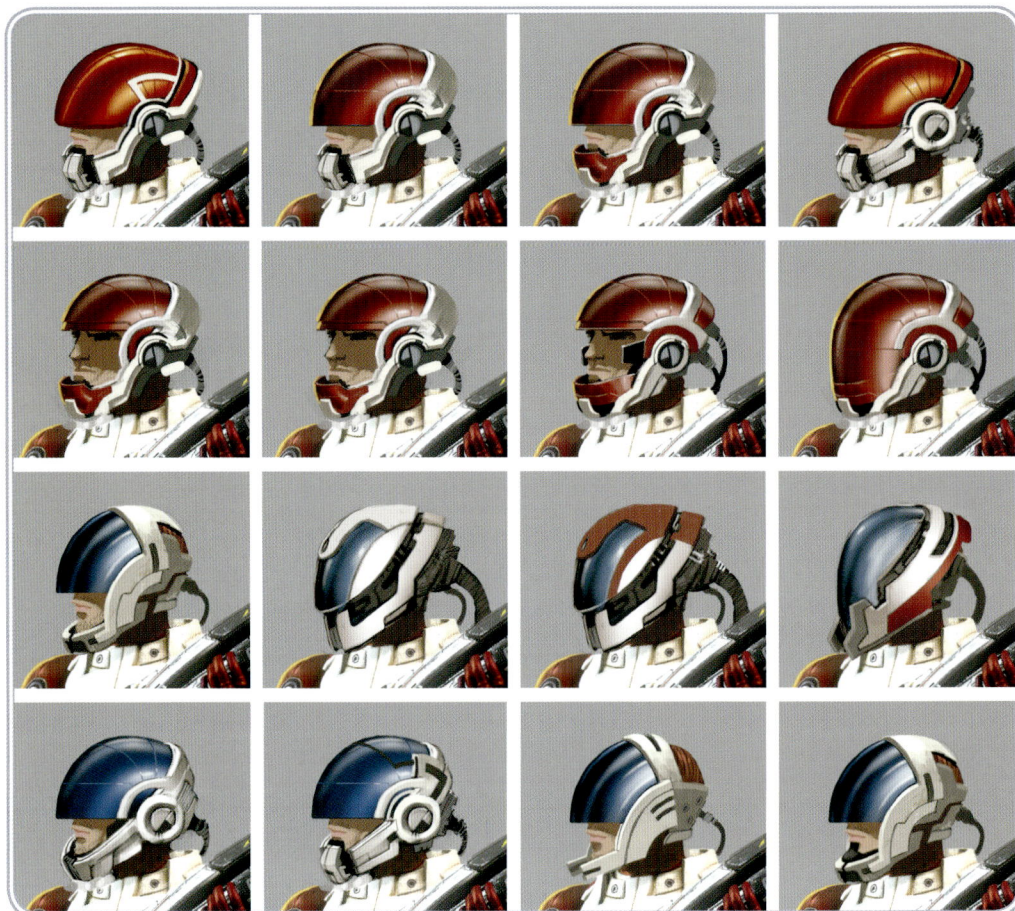

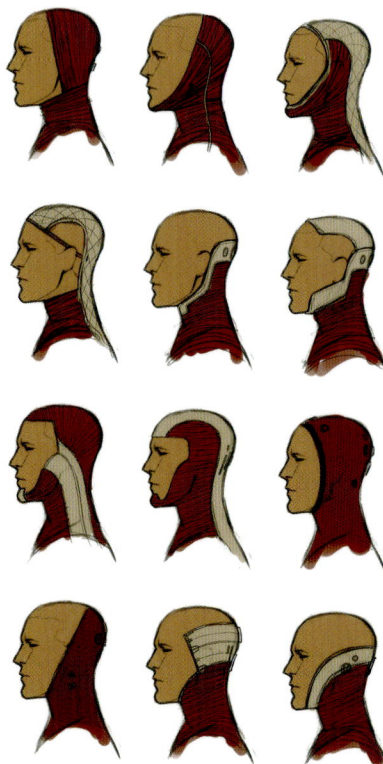

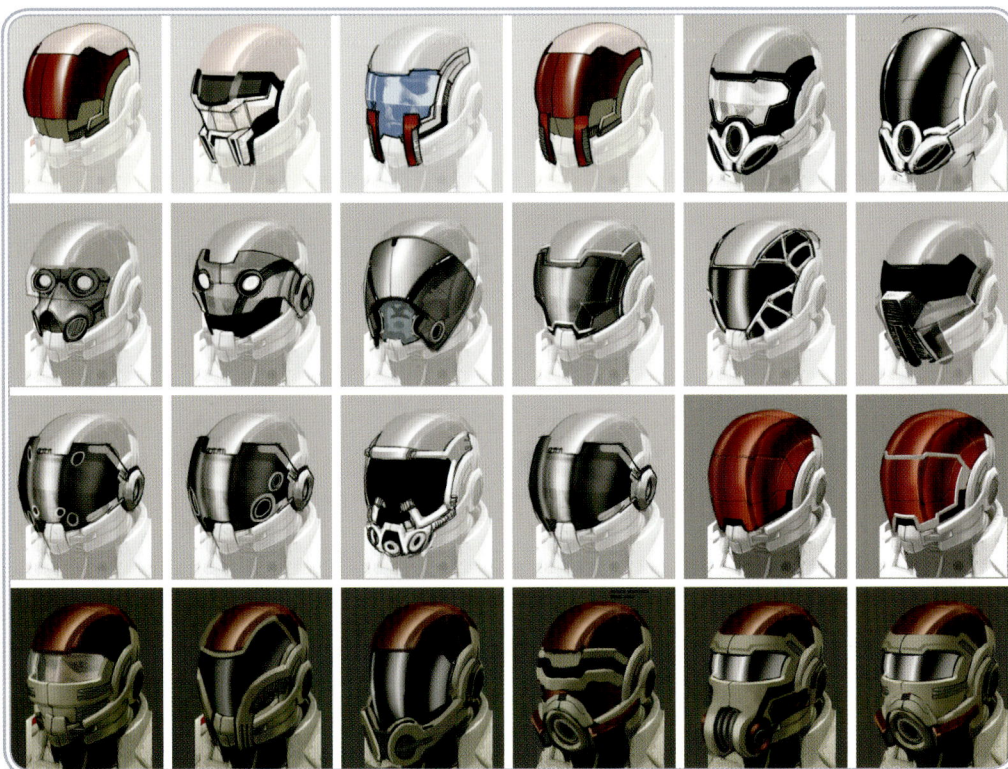

质量效应中继站

我们意识到，赋予战舰超光速旅行的能力不足以支撑覆盖银河系尺度的文明。为了支撑整个故事，我们想到了使用外星超级技术建造的质量效应中继站。早期的各种设计差异极大，不过我们最终采纳了一个被放弃了的神堡概念图，二者很搭调，因为它俩都出自同一个设计师。

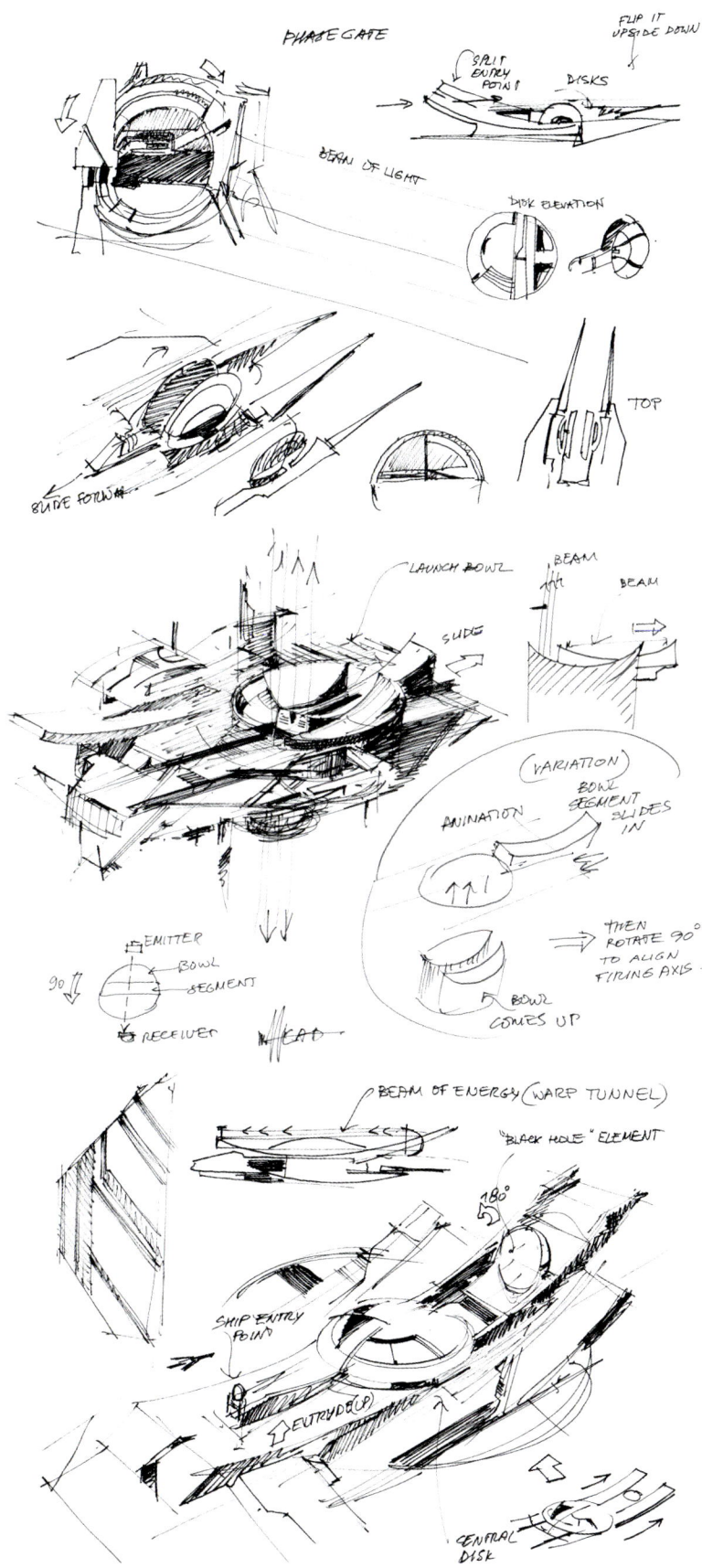

这里有许多公司标记、军事标志，以及"质量效应"宇宙使用的其他符号。上部的某些图片来自神堡或者联盟，其他的则作为运输公司的标记印在集装箱上。

奥尔德林实验室

卡萨制造厂

赛瑞斯委员会

外因公司

二进制螺旋

"地狱犬"臭鼬工厂

德福隆工业

白尾鸢风险控制

桀斯军械厂

哈涅－卡达尔公司

哈里亚特军械厂

阿利亚克技术公司

纳山星际动力

阿马利委员会

诺维利亚开发公司

埃尔克斯联合体

塞尔塔基金会

罗森科夫材料公司

阿马科斯军工厂

巴塔瑞国立兵工厂

约尔曼冈德技术公司

一级幽灵特工

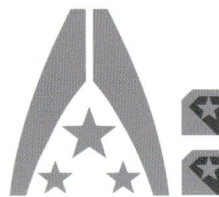

二级幽灵特工

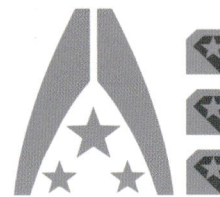

三级幽灵特工

《质量效应》里的枪支一定要可以折叠，这样玩家才能往薛帕德的背包里塞进好几把枪。最上面的概念图是玩家初期就可以拥有的武器，带有《质量效应》特有的拱形。最开始的枪镀铬，不过后来就变了，以更加适应军事用途。这些枪支都设计了两支枪管，主要是为了外形漂亮而不是实用。

初始突击步枪上的四个洞主要是为了留出改装插槽。后期改变了各种涂装，但插槽一直在枪支设计中保留了下来。

桀斯技术

桀斯战舰看起来就像金属昆虫。下面的图片是桀斯巡洋舰、登陆舰和战斗机的概念图，显示它们在飞行时如何动作。桀斯载具上都安装有小型臂状物，这样它们看起来就像正在摩擦双脚的苍蝇。

既然桀斯是游戏中最常见的敌人，我们就为它们尝试设计了多种武器和机械装备。一个原创的概念是一头拥有海豚一样皮肤的半机器人，就像下页左上角的桀斯巨像。不过我们感觉这很难让人信服，后来这个想法被扔掉了，转而采用了金属外表。

桀斯炮塔

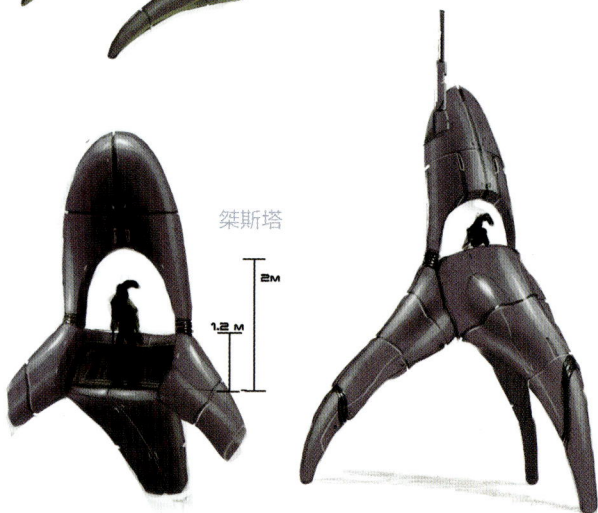

桀斯塔

2M

1.2 M

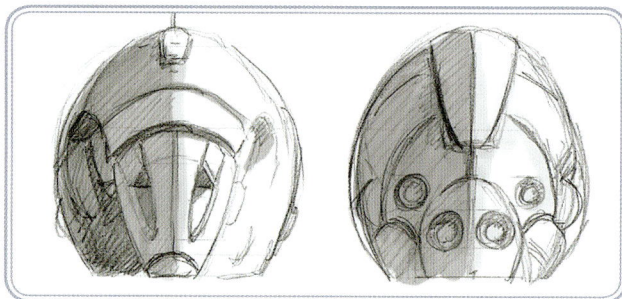

正面　　　　　背面

桀斯巡洋舰

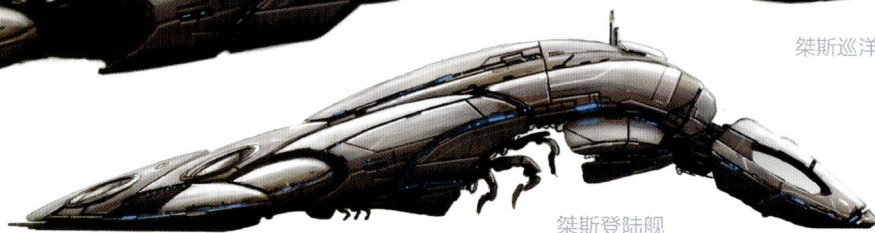

桀斯登陆舰

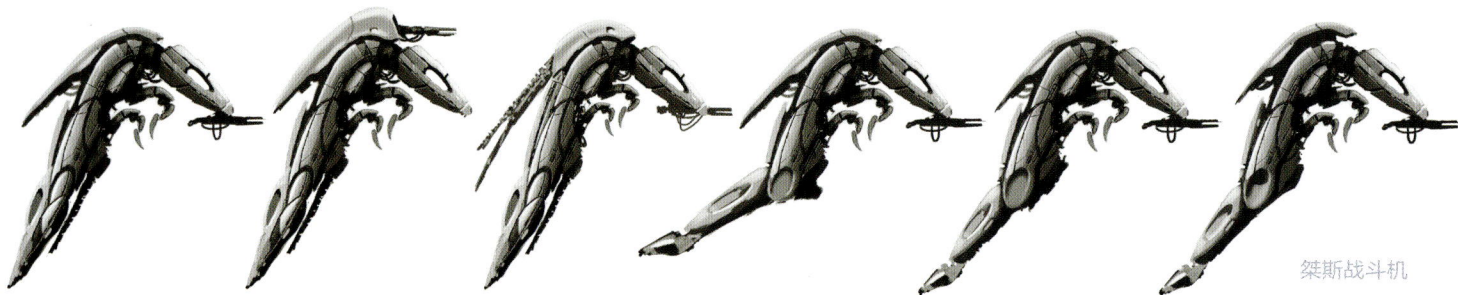

桀斯战斗机

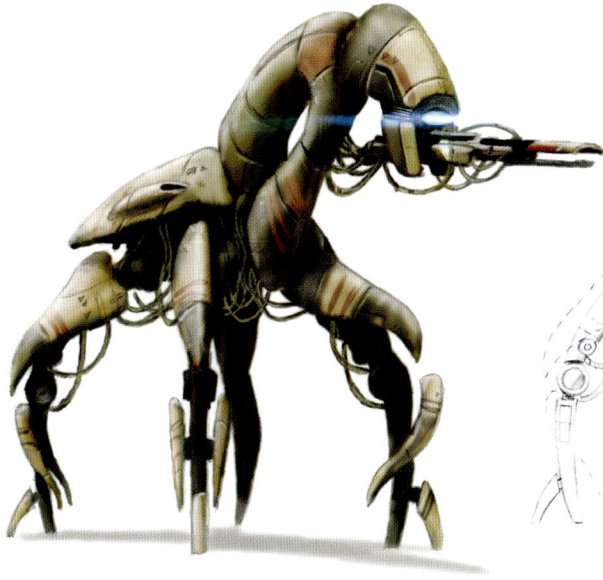
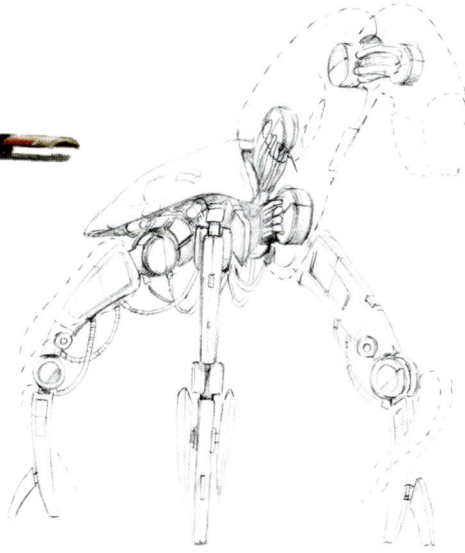
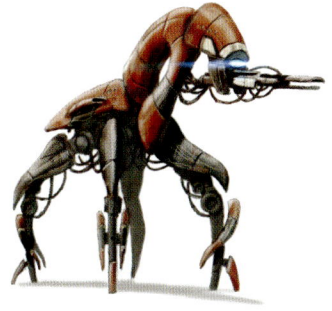

桀斯巨像

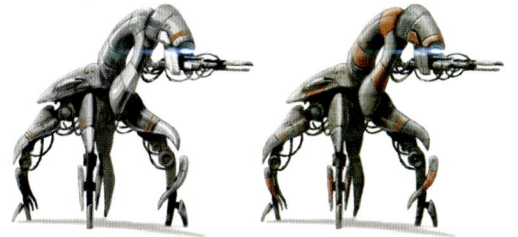

GLOWING POINT LIGHTS

GLOWING FORCE FIELD EMITTER

桀斯终端

桀斯无人机

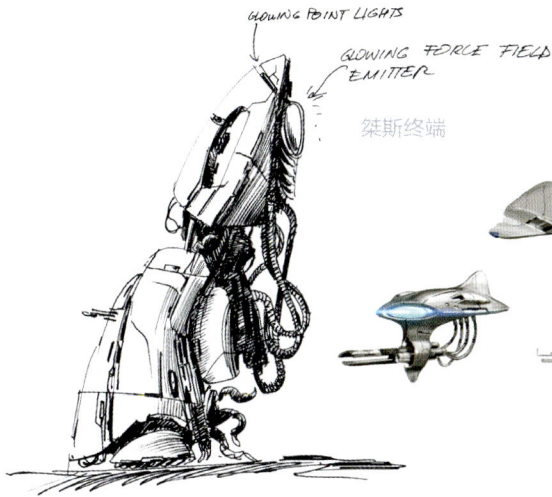
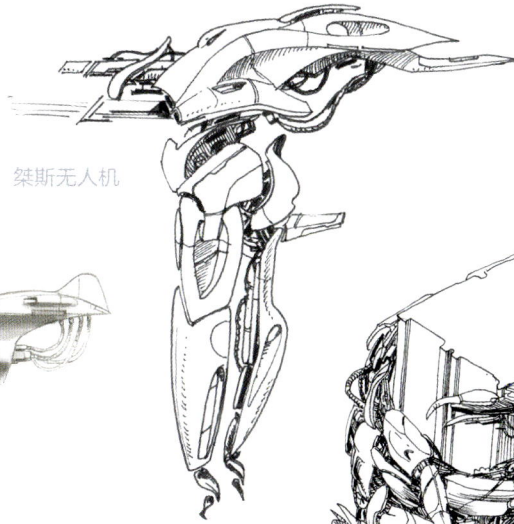
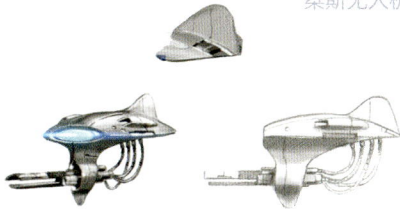
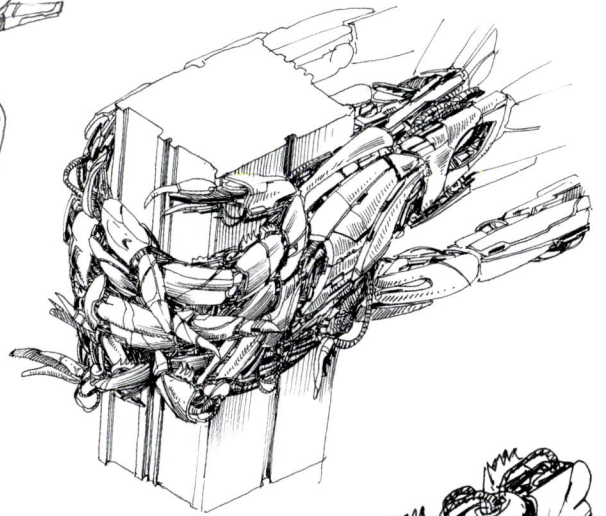

桀斯战斗平台

HYDRULIC MECH.

EXT ARMOR

TYPICAL UNIT

RIBBED PAD

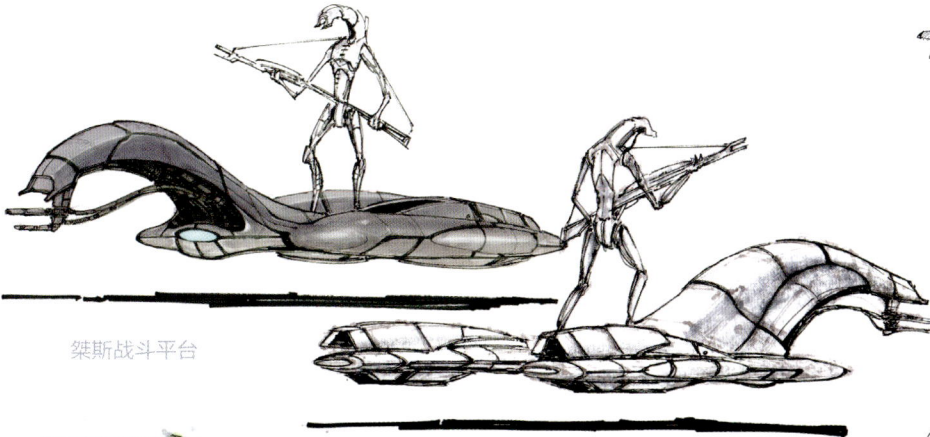
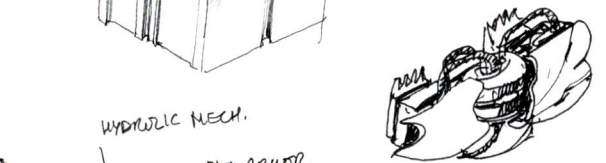

knuckle-bone with hoses

160 cm

SLIGHT CURVE

SLIGHT CURVE

64 cm.

桀斯六边形护盾

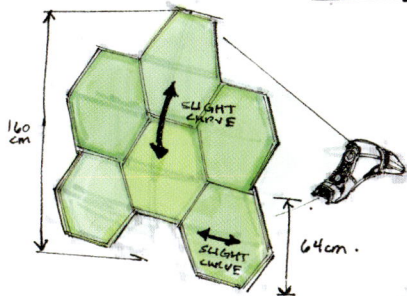

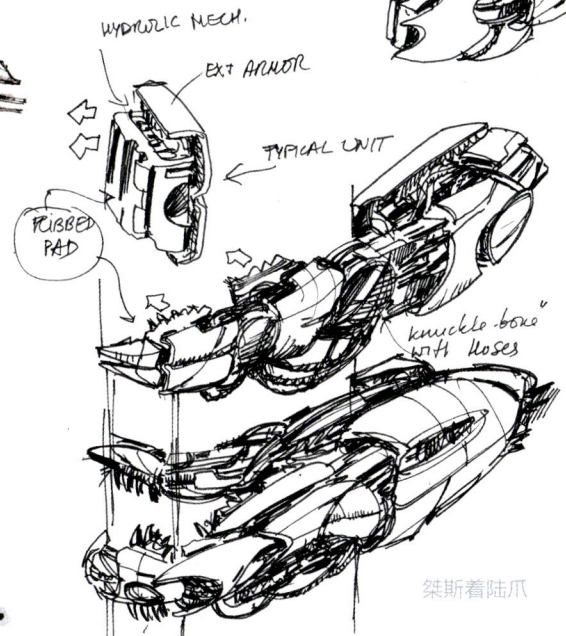

桀斯着陆爪

其他技术

某些机械设计的概念图用于主世界的装饰布景，而其他的用于未知世界，薛帕德可以回收这些行星表面上被遗忘的技术。

考虑到"质量效应"宇宙的宏大，我们需要大量的装饰布景，还有诸如椅子、床、储物柜、医疗设备等随处可见的工具设施，这样才能让一个地方看上去栩栩如生，真实可信。这些不是最光彩夺目的部分，不过如果没有它们，玩家就会感觉少了些什么。

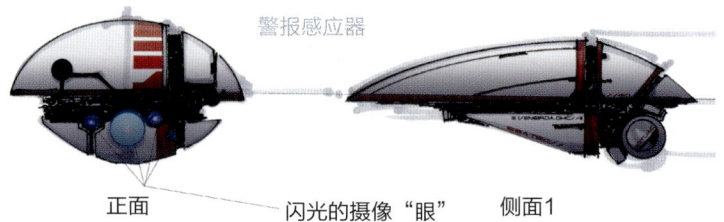

警报感应器

正面　　　闪光的摄像"眼"　　　侧面1

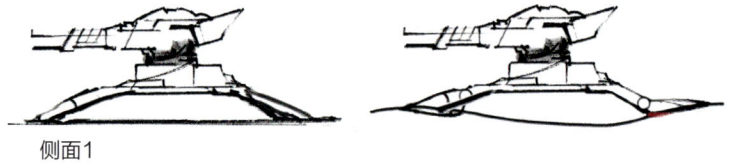

侧面1

守护者主机

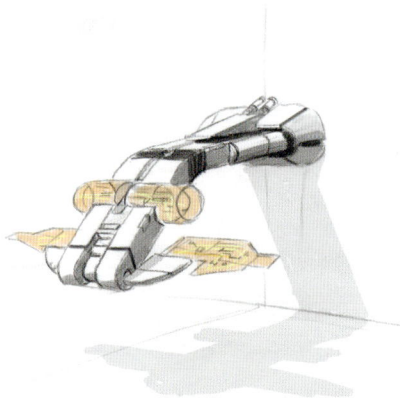

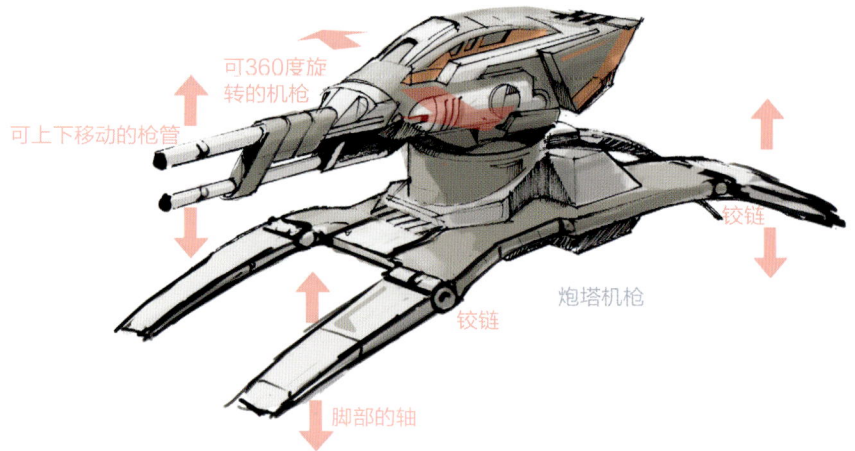

可360度旋转的机枪

可上下移动的枪管

铰链

炮塔机枪

铰链

脚部的轴

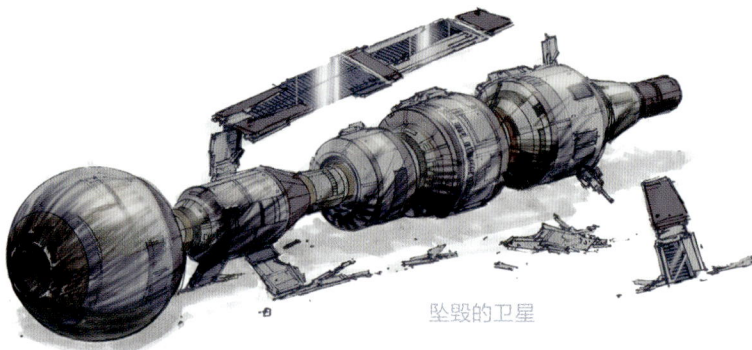

坠毁的卫星

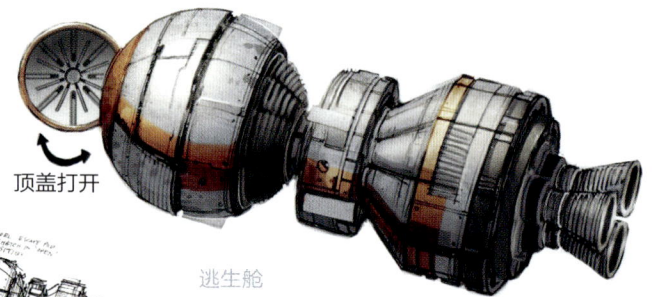

顶盖打开

逃生舱

光柱

中部核心有旋转闪光的动画效果

能量稳定器（可摧毁）

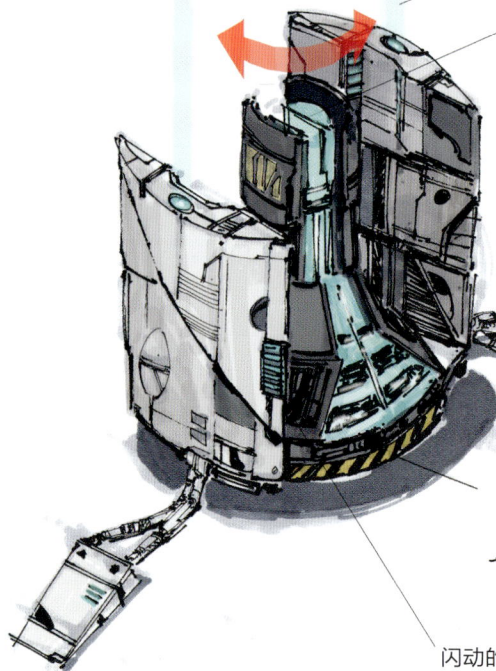

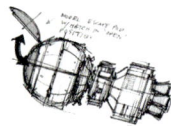

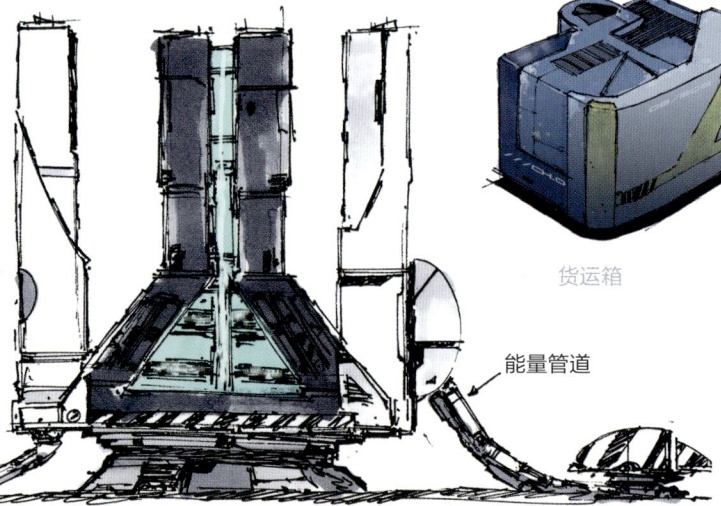

发电机

能量管道

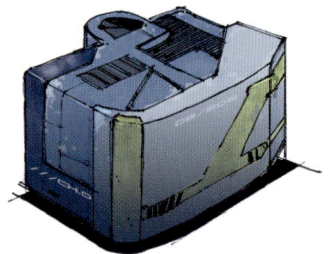

货运箱

能量管道

闪动的蓝灯代表发生器可以使用。启动后，侧向激光光柱会向下"移动"。

娱乐舱

背面

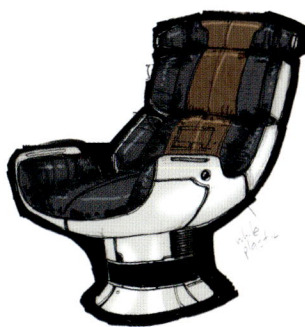

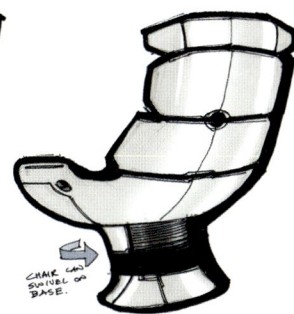

安乐椅

防弹盾

1.7M

1.2M

3M

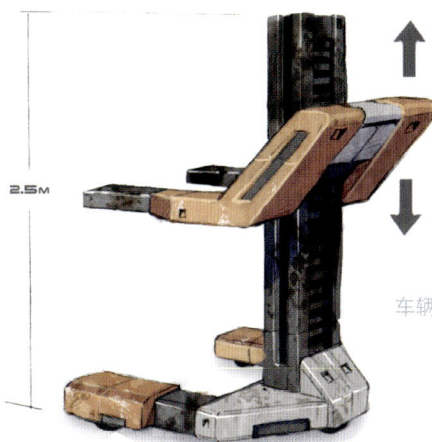

2.5M

车辆起重器

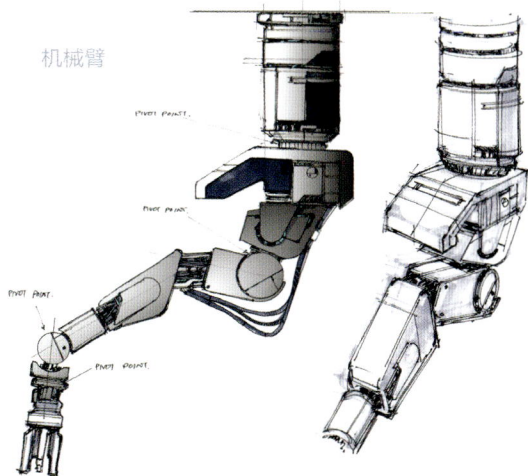

机械臂

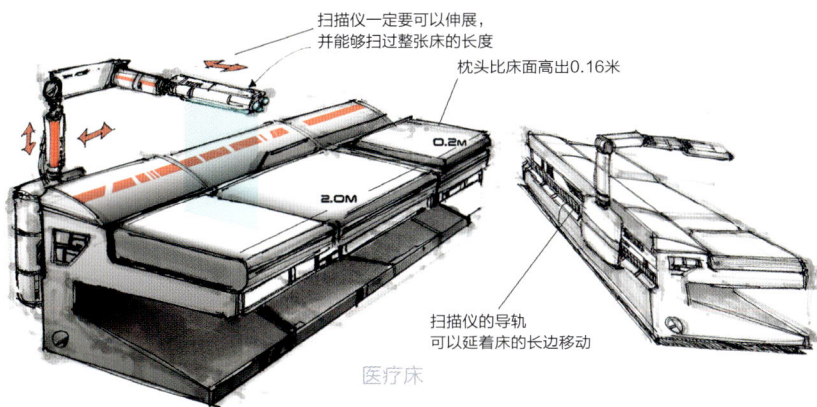

扫描仪一定要可以伸展，
并能够扫过整张床的长度

枕头比床面高出0.16米

0.2M

2.0M

扫描仪的导轨
可以延着床的长边移动

医疗床

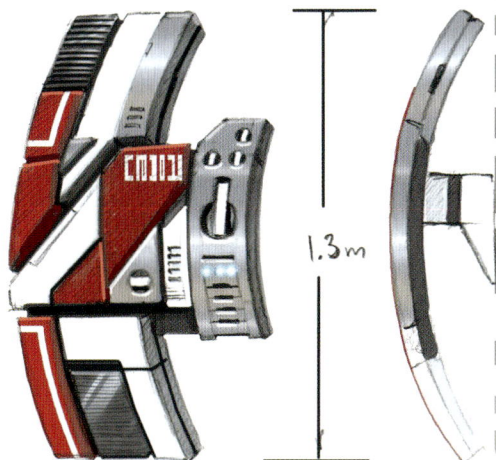

1.3m

急救站

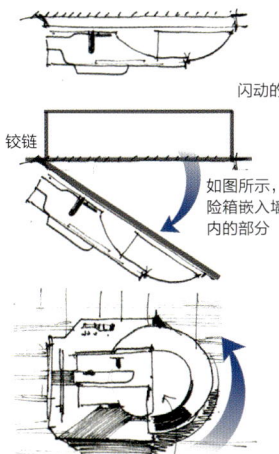

闪动的蓝灯

铰链

如图所示，保
险箱嵌入墙体
内的部分

旋转模块，把门打开

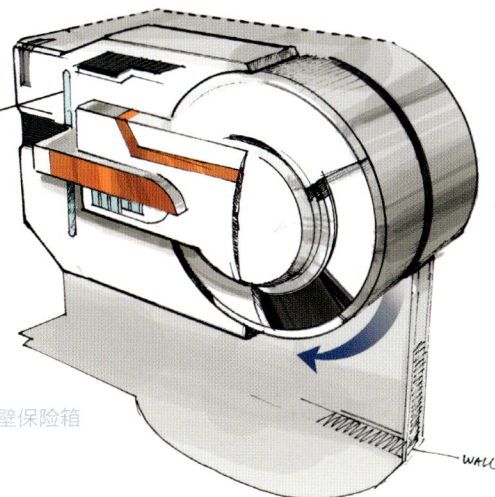

挂壁保险箱

薛帕德指挥官

中间图片是薛帕德的专属护甲系统的概念图。薛帕德的护甲系统在《质量效应2》中改成了以甲片为基础的造型。这种设计强化了薛帕德的外形轮廓，令指挥官显得更加强壮，并能承受更多伤害。下图是早期对面甲和头盔所做的尝试，包括塞恩头盔的一个变形。

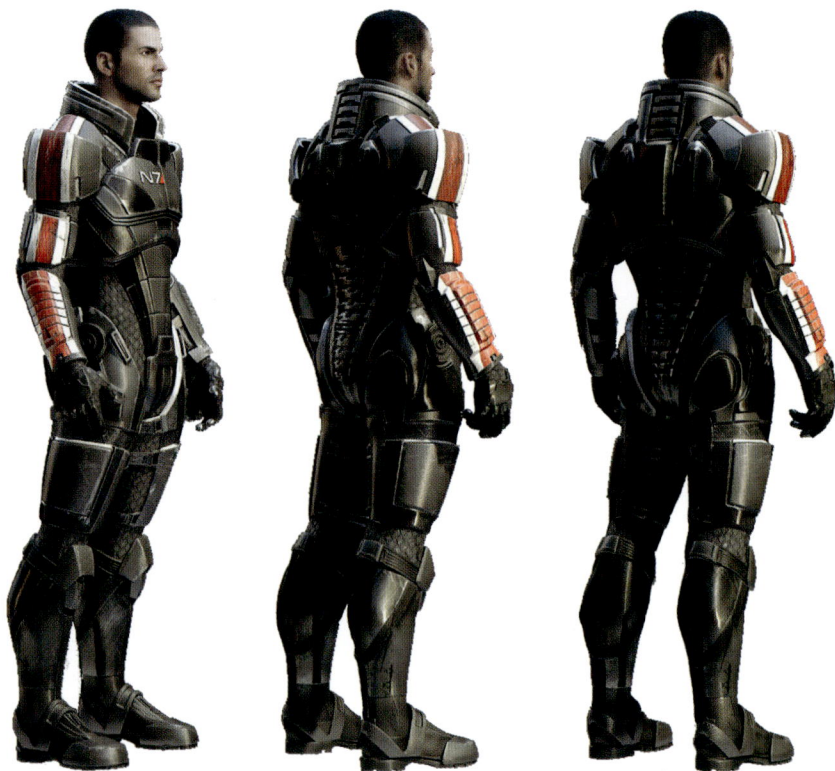

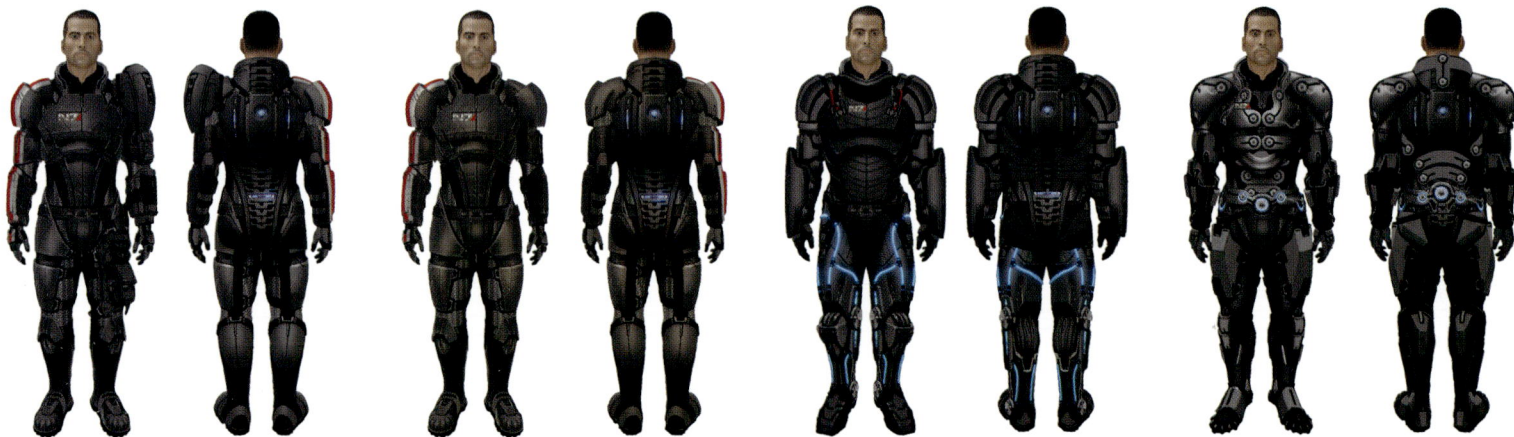

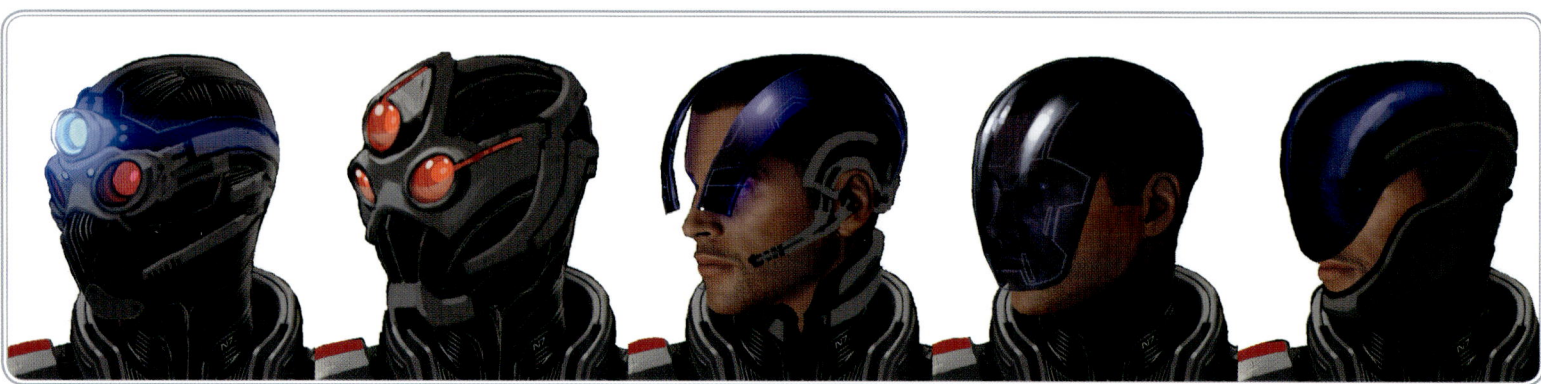

小队：薛帕德指挥官

雅各布·泰勒

雅各布的护甲与衣着帮助确立了所有"地狱犬"衣着的标志性特征。有些概念图为全副装甲，还有一部分为布料材质，或者布料与护甲相搭配。在没有空气或者有毒的星球上，必须用到头盔与呼吸器。最后，为了给数字演员更多的表演空间，我们选择了呼吸器。

米兰达的身体与衣着概念图。我们努力在性感吸引力和与"地狱犬"高级职员身份相称的制服之间取得平衡。

米兰达·罗森

盖拉斯·瓦卡里安

盖拉斯在玩家中人气很高，所以他的造型保留了他那身标志性制服的部分内容，例如他的目镜和标志性的蓝黑护甲。第一行图片显示他在与欧米茄空间站的雇佣兵战斗后所受到的不同程度的损伤。

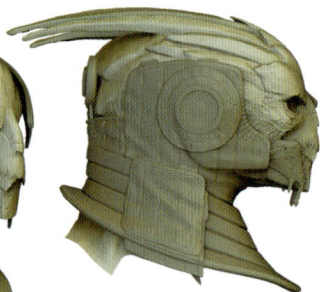

在盖拉斯头部早期建模的不同版本中包括医疗绷带包扎伤口的造型。为了让游戏角色各具特征，所有的小队成员最后都拥有各自不同的外观。盖拉斯完好无损的护甲和轻微的颜色改变使他非常抢眼。

塔莉·佐拉

塔莉·佐拉的人气也比我们预想的高。早期概念图探索了面罩和制服，其中极端的那部分被废弃了，因为要保留其特色外形。塔莉的最终设计图是对《质量效应1》版本加以精调的结果，兜帽也经过细微改良。我们最终选择这个外观是想使她在其他《质量效应2》中的奎利族人中间一眼就能被认出来。

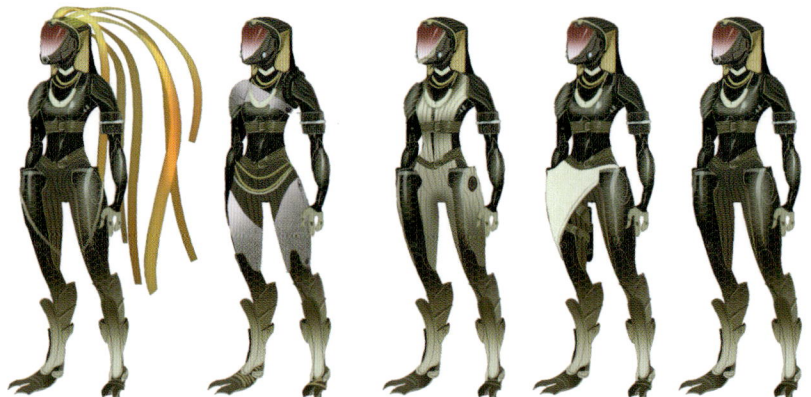

古朗特

古朗特一定要年轻，还要强悍，所以我们把克洛根人的头冠设计成随着年龄的增长而增长。古朗特的头冠比莱克斯的要小一些，还没有完全遮盖住整个头骨。他的护甲改进出了更大的肩部护板，露出强健的胳膊，令人联想到橄榄球中后卫。

早期古朗特的护甲有各种材质，与身经百战的老莱克斯相比，古朗特看上去年轻力壮。他的护甲就像经过重新喷漆的改装新车一样引人注目。

FACE
CAN
SHAPE
SHIFT?

塞恩·科里奥斯

我们为塞恩的早期概念画过许多草稿。在构思之初，概念艺术家们被赋予了尽可能多的创作自由。在塞恩身上，有些图的灵感来自蜥蜴和极乐鸟，后期的调整使之同时具有了水生动物与两栖动物的特征。我们在他的头部与颈部也采用了一些珠宝的概念。最终在游戏里只保留了他的项链。

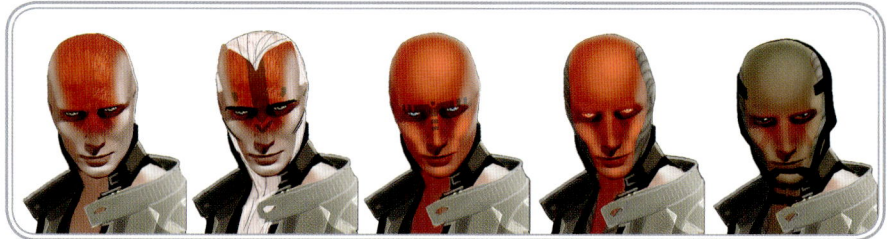

在早期的塞恩服装设计中，我们争论是让他穿上紧身衣，以适应暗杀任务，还是给他穿上宽松的夹克，来彰显专业人士的形象。塞恩的各种面部设计中包括一个类似人体模型的"完美人类"形象，不过我们认为对于一个拥有潜在浪漫气质的角色来说，这种形象令人不太舒服。

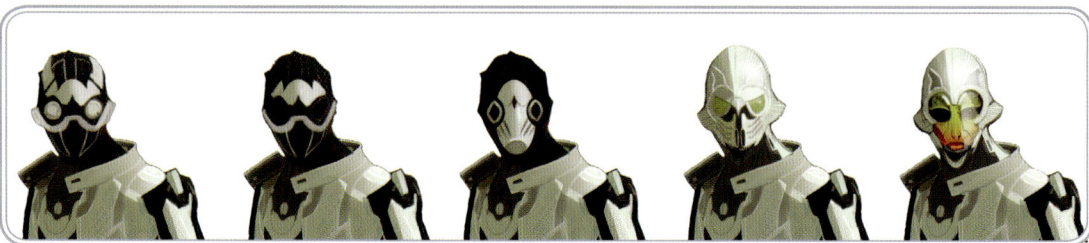

在最终概念图即将完成的时候，美工制作了一件开领服装，传递出叛逆的感觉。最开始出于动画制作的需要而去掉了夹克，结果这样一来毁了整个设计。塞恩的帽兜式头盔的用意是让人联想到滑雪面罩，表明他的犯罪背景。

GETH TECHNOLOGY
TENTICLES
TO ARTIST
TYPING

莫丁·索鲁斯

我们想要让莫丁的外形在他的科学家背景与塞拉睿特种部队经历中找到平衡。从早期的概念图中可以看出，我们尝试通过头部的角和眼睛的各种形状赋予他独一无二的外观。

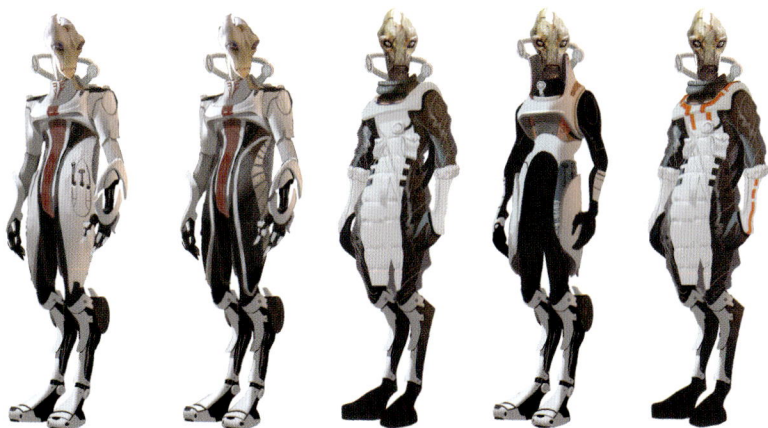

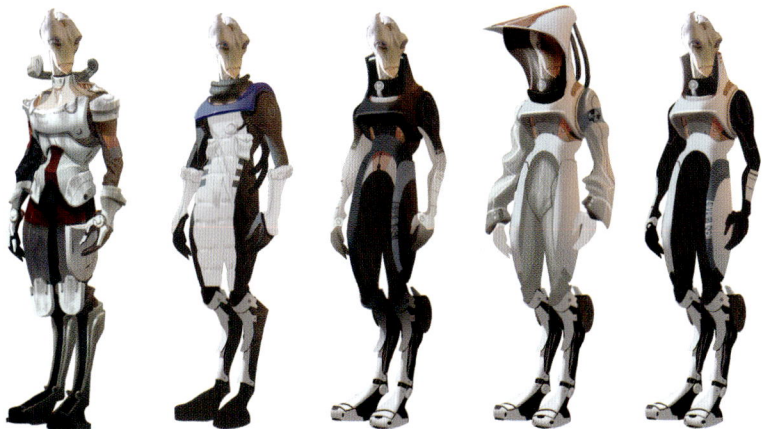

莫丁的衣着像是实验室大褂，也像是"质量效应"宇宙中医疗角色的全套行头。我们为他加上了金属衣领，来分割他的整体轮廓——它的用途从来没有在游戏的对话和故事介绍中提到过。

军团

军团概念画的最初目标是令它与其他桀斯有所区分。最后我们没有在这个方向上走得太远。在后期阶段，我们决定让军团撕下薛帕德的一部分护甲，来遮盖自己胸前的战斗损伤。

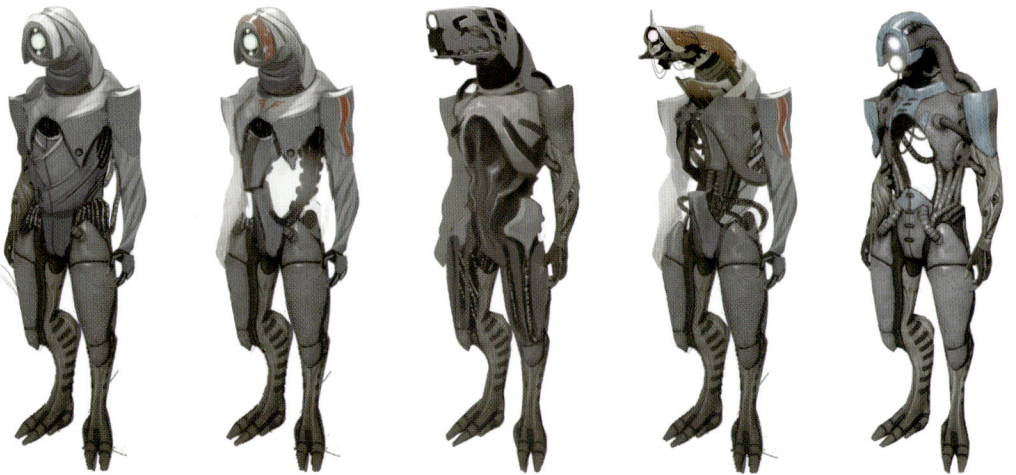

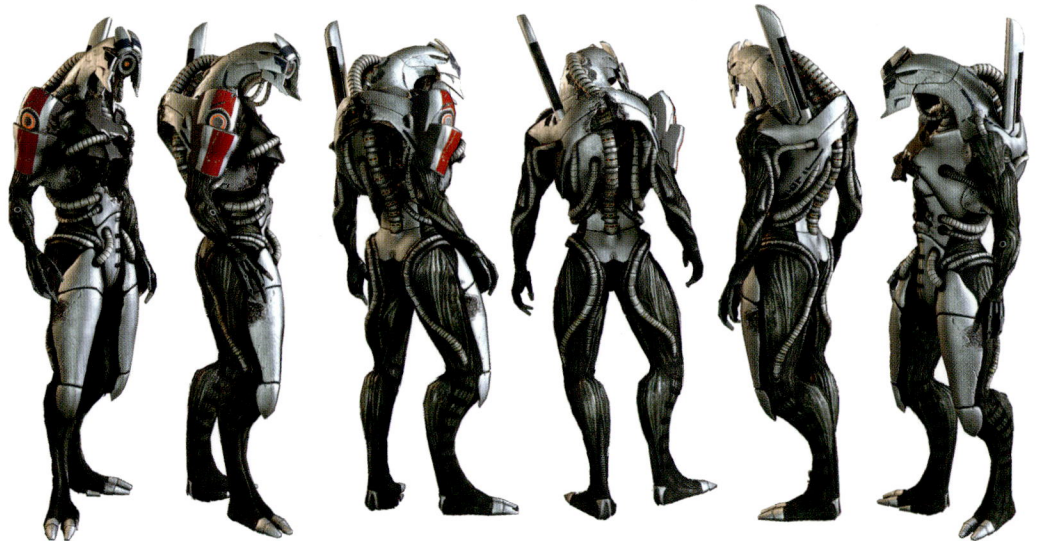

这些图片是有关杰克的效果图，展示了杰克的技能，让人感受到她冲出"炼狱号"时的能力有多强。

杰克是个小阿飞，早期的概念图也着力刻画这一点。她的裤子是囚服的一部分，并故意被拉低一些，以反映杰克的独特做派。她的文身盖住了伤疤，她用这种方式精心擦去往日的痛楚，以书写她自己的故事。

我们对一个女演员的头进行扫描，以此作为杰克的面部模型。我们认为应该让杰克剃个光头，这才是真正的混混风格，而不是一个涂了墨水的超级模特。

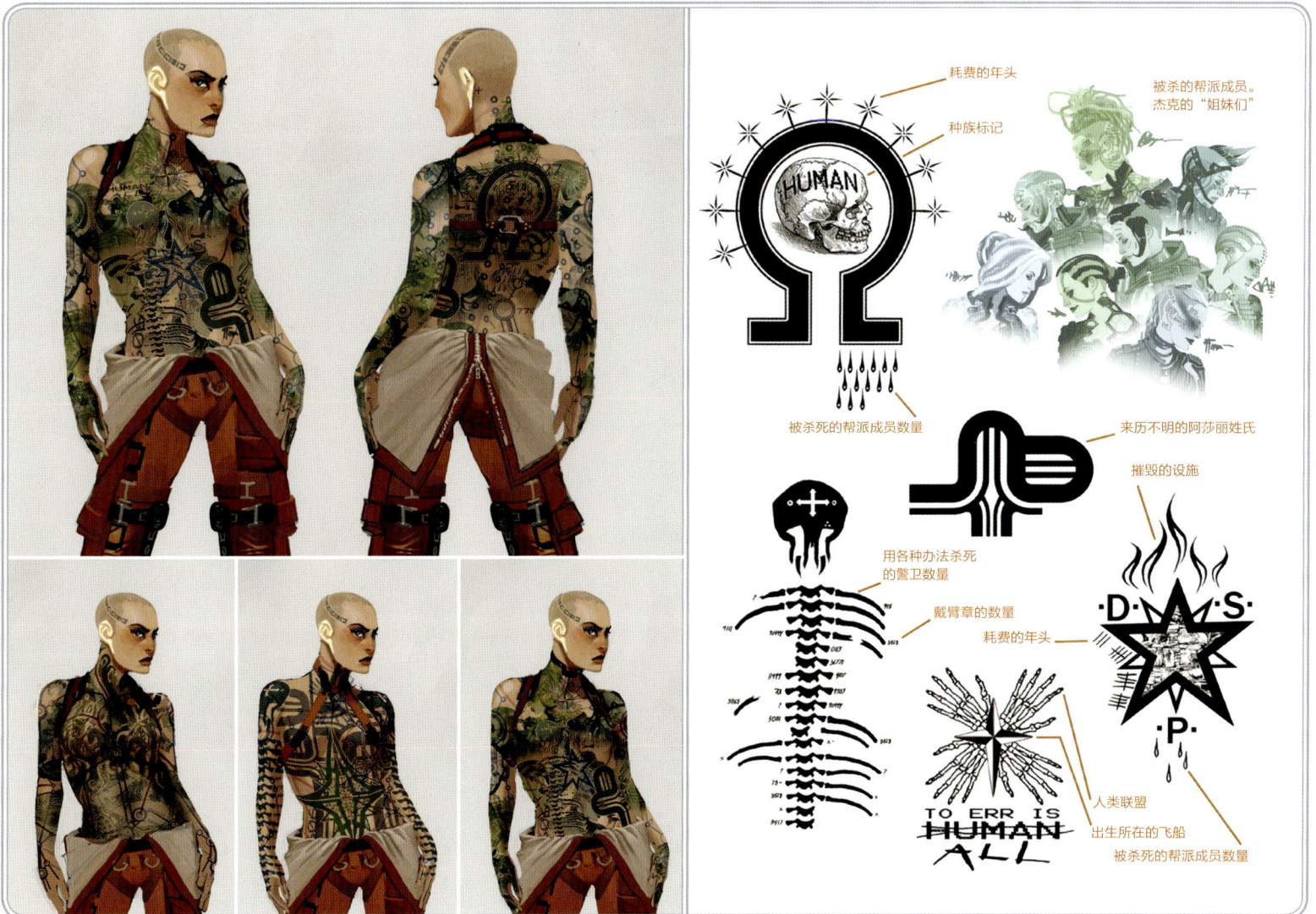

耗费的年头

种族标记

被杀的帮派成员。杰克的"姐妹们"

HUMAN

被杀死的帮派成员数量

来历不明的阿莎丽姓氏

摧毁的设施

用各种办法杀死的警卫数量

戴臂章的数量

耗费的年头

·D· ·S·

·P·

TO ERR IS
HUMAN
ALL

人类联盟

出生所在的飞船

被杀死的帮派成员数量

一旦决定要让杰克浑身遍布文身，我们就在各个方向上探索如何通过文身讲述她的身世。我们还想办法尽量炫耀她的文身，同时在一定程度上遮住她的胸部。由于我们在她的裸露程度上有所考量，所以最终做出了这些改变。

萨玛拉

萨玛拉是最难定稿的人物之一。她那神秘战士的设定引出各种各样的设计，包括具有宗教特性的头饰和暗示皇家身份的皇冠形装饰。我们最终决定，可以容许她裸露部分皮肤，因为她的护盾采用了准隐形的动态屏蔽技术，这是她的主要防护手段。

上面的图片是我们第一阶段概念设计工作的优秀例子，我们在这一阶段希望尽可能多地把各种创意都呈现在纸面上。这样做让我们得以明确哪种设计最为突出，最具标志性。在纸面上，哪身衣服最吸引眼球可谓一目了然。在第二阶段，我们对设计进行了精细调整，直到所有人的想法达成一致。我们为萨玛拉的呼吸器设计了很多款式。与雅各布一样，我们最后采用了一种小型的呼吸器，以便呈现人物表情。

扎伊德·马萨尼

在早期随意设定的概念图里，扎伊德有一条假腿，那是以前在战斗中受的伤。他还有一条狗陪在身边。不过这两个概念都没有通过第一阶段。可能用到的呼吸器灵感来自电焊头盔与曲棍球面具，这样看起来更具威胁。扎伊德的头部模型历经数次迭代，增加了伤疤和青阳文身，说明他曾经在"青阳"这个团伙里待过。

我们在霞的概念设计中尝试使用了中东风格，因为在"质量效应"的世界中，地球社会是多种现代文化的混搭。最终，她的外形体现了中世纪盗贼的风格，兜帽令其更加神秘诡异。

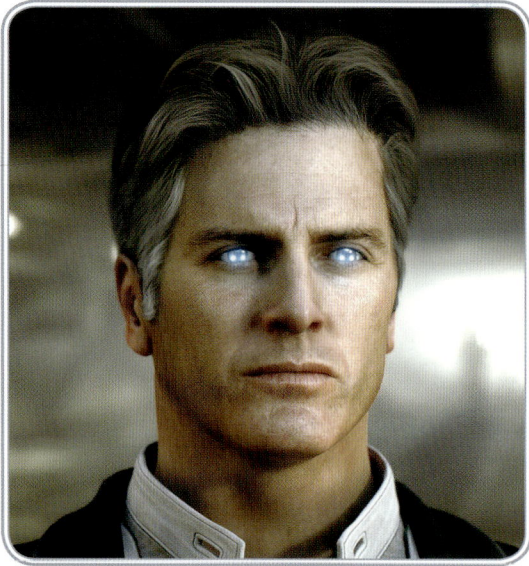

幻影人

　　我们从一开始就确定，幻影人的脸型应当以"类型模特"为基础。虽然幻影人已经年逾半百，但是他的面孔上并没有留下什么岁月的痕迹，因为医疗技术的进步意味着即便是烟枪酒鬼也能看上去相当年轻。我们在他双眼的移植体上投入了很多精力，为的是让他具有一点儿微妙的非人类外观。

　　设计幻影人的西装时，最大的挑战是创造出未来感，既能看出那是一身西装，又不局限于任何一个年代的时尚样式。我们想让他的外形有一种不受时间影响的感觉。还包括领口敞开的衬衫，仿佛一个非正式的注脚："我想干什么就能干什么。"

我们只为幻影人的房间设计了少数几张概念图。美工画了一张图，是他正在注视一颗死去的星球，有一种一切尽在掌握的感觉。房间是空的，这样不会透露出幻影人究竟在哪里居住。

他身边既没有电话，也没有显示器，而是环绕着全息图像，表明他拥有一张广阔的情报网。实际上他只通过全息图像与薛帕德通信，这又会产生一点儿微妙的非人类的感觉——他看到的只是人们的传真影像，而不是见到真人。

影子经纪人

创作影子经纪人的挑战主要在于要融合两个毫不相干的概念：作为银河系最伟大的情报掮客，他显然是银河系社会的一部分；同时他又应当是非人的异类，并将成为薛帕德新的恐怖挑战。

他的衣着说明他是个暴民头子，而且他暴露在外的头部比我们之前设计过的形象更加陌生。现有的数字动作系统无法处理新设计的面孔的动作，所以我们做了一些专门的技术工作，好让他的多只眼睛和三角形嘴都能动起来。

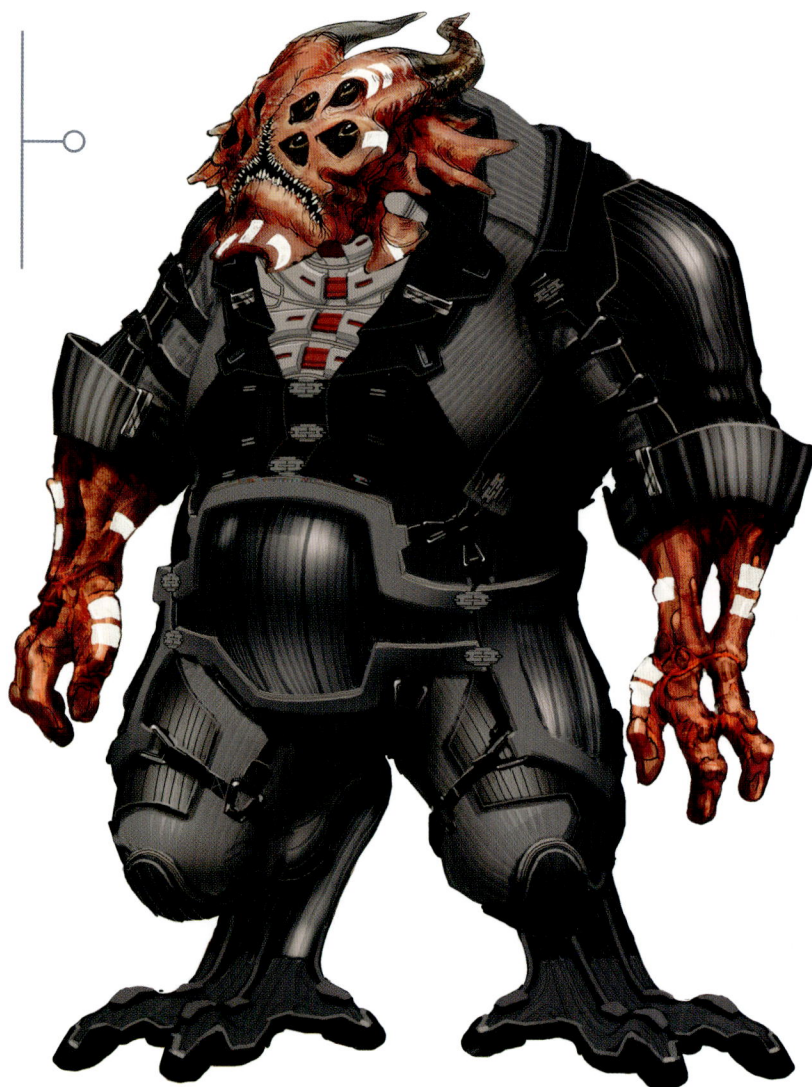

思金的创意就丰富得多，虽然一开始的造型要求也很模糊。我们知道思金是由多个尸傀以诡异的方式组合在一起形成的，不过它的挑战在于需要制作出一个独特的外形，于是我们创作了各种各样的概念图。

这些概念图有许多因为顾及动画制作方面的原因被废弃了，最终设计图里把一条胳膊变成了一支枪。我们在思金背上加上了一个囊，作为它在战斗中的弱点。

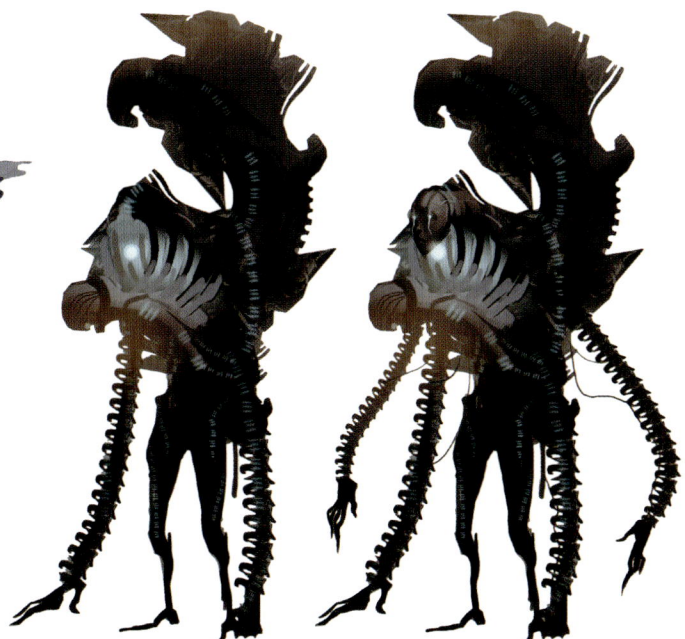

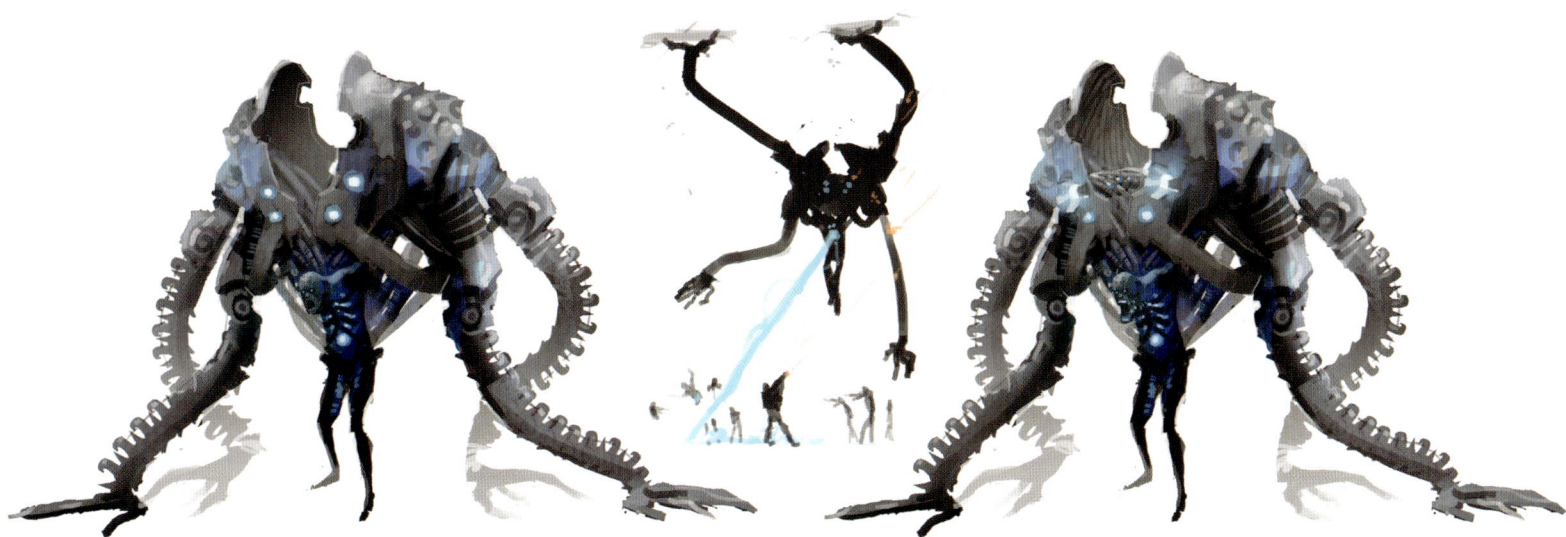

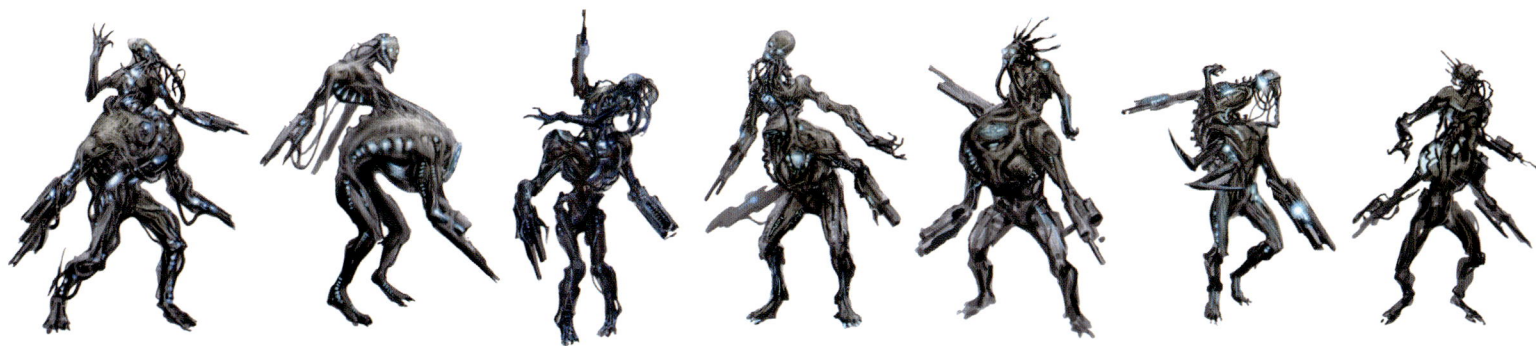

执政官

执政官是另外一个既不知道外形细节如何,也不知道它会怎样战斗的敌人。起初的一些概念图让它能够走路,不过在关卡中,执政官需要在玩家占好掩体的时候飘到玩家头顶上。

最后我们确定下来,它能够使用体内的质量效应发动机飞行。最终的概念图里,它的胸腔里有很多尸傀的脑袋,平添了许多恐怖感和威胁感。

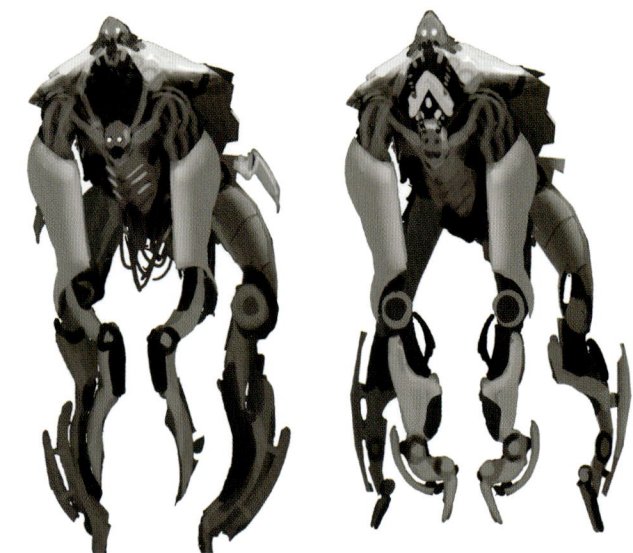

收割者原型

收割者原型由被收割的人类DNA制造而成，有几张早期概念图看起来像是人类怪胎。到最后，这种形象看起来不够威胁，于是我们采用了最下面这个有点儿像骷髅的概念图。之后又经过多次返工，调整成最终版模型，让它看起来更加恐怖，也更符合战斗需要。

采集者

采集者的外观设计基于显微镜下昆虫的特写，尤其是甲虫和蚊子，让人产生不安与恐怖的感觉。早期有过身穿长袍、两足行走的版本，从而呈现一种黑暗的、邪教崇拜式的感觉。最后，我们决定让采集者将军看起来更像个外星人，有许多肢节。

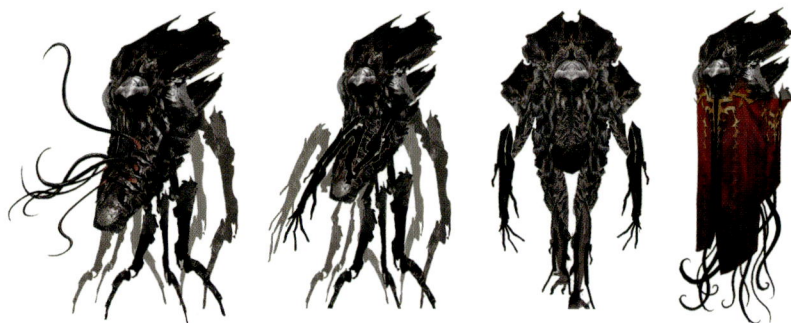

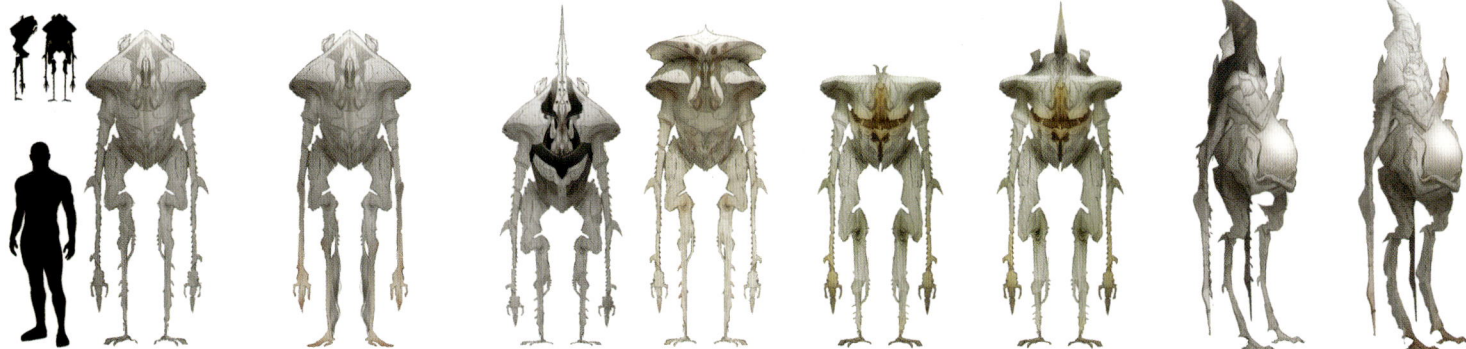

采集者士兵必须满足多
种作战需要，包括会隐蔽和
使用武器，这样一来，采集
者士兵的造型就更像人类而
非采集者将军。

多出来的肢体以不完
整发育的形态蜷缩在士兵胸
前。几丁质外壳覆盖身体，
内部可以看到柔软的肌肉，
比方说大腿。玩家可以注意
到眼睛闪光，这说明先驱者
正在直接控制敌人。

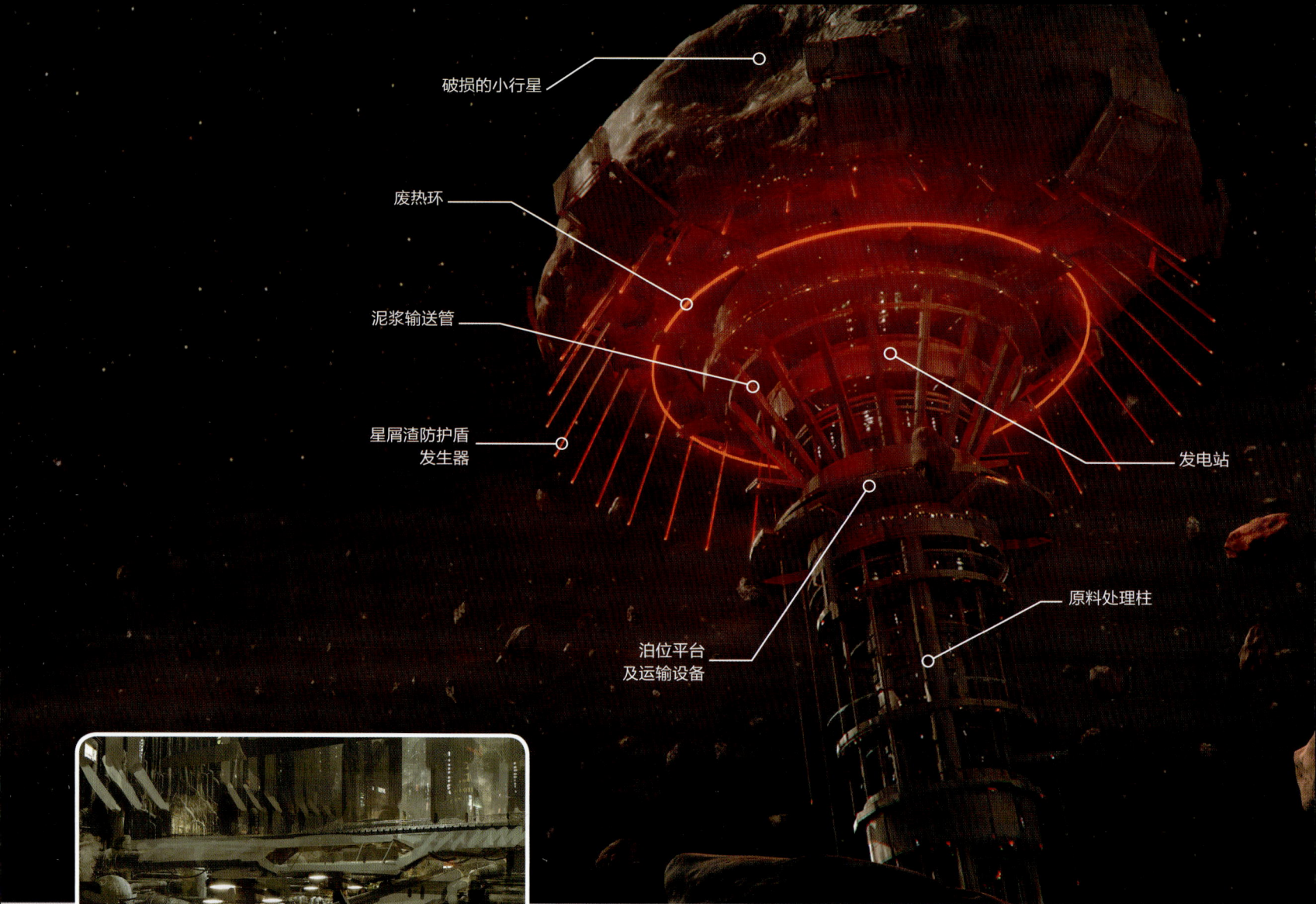

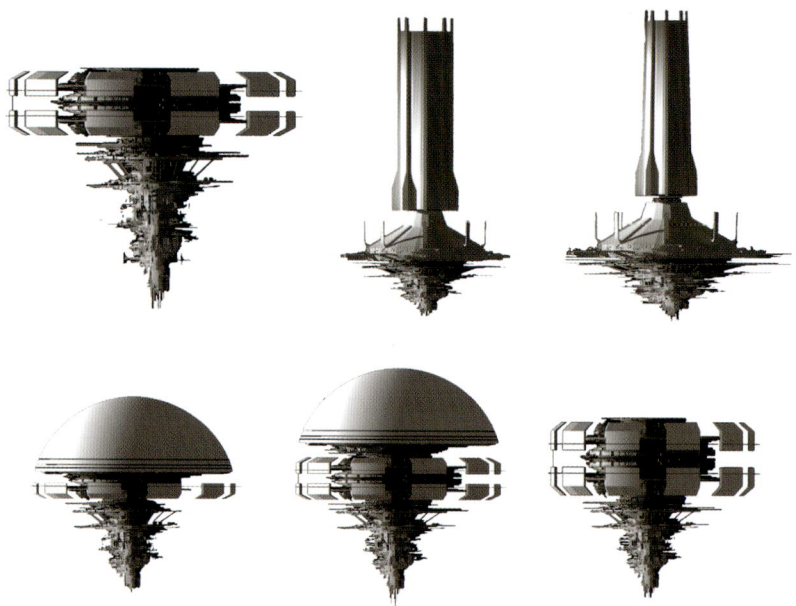

破损的小行星

废热环

泥浆输送管

星屑渣防护盾
发生器

发电站

泊位平台
及运输设备

原料处理柱

欧米茄

　　欧米茄的最初概念是神堡的暗黑版本，肮脏而罪恶四伏。欧米茄的外形以蘑菇云为基础——中空的彗星构成云团，而金属建筑形成烟柱。

　　内部的设计创意包括由桥梁连接的巨大支柱，用来体现工业感。早期的版本过于依赖桥梁，后来为了腾出更多空间可以行走，这些版本就被否决掉了。

　　来世夜总会是最大的非法娱乐窝点。俱乐部的设计理念以拉斯维加斯与之类似的高端酒吧为基础。虽然表面之下暴力翻涌，但阿丽娅——欧米茄的犯罪女王——牢牢地控制着一切。

Welcome to Omega

　　欧米茄的内部永远笼罩着挥之不去的雾霾，它来自彗星的工业采掘设备。雾霾使这里颜色黯淡，也昭示此地非健康之处。我们加上了管道与霓虹灯，增强这里无法无天的感觉。

　　欧米茄的早期概念画围绕着小行星展开，力图给城市带来小行星自身的特色。因为小行星被用于采掘昂贵的零号元素，供人居住和生活的建筑都呈垂直的柱体，向下延伸。

伊利姆

　　伊利姆的首都诺斯阿斯特拉是理想中的未来城，是每个人都向往的地方。整洁的建筑，没有垃圾，还有飞行汽车等，反映的是20世纪50年代对未来乌托邦的想象。伊利姆平滑的曲线和水平线强化了典型的"质量效应"风格。

顶图是早期的证券交易所概念图。后来我们决定加上霓虹灯和全息显示图，给人一种在信息与广告中"游泳"的感觉。下面两张概念图是一段部分完成的人行天桥，连接到高塔上，搞定塞恩的任务就在那里发生。

神堡

　　神堡的行政区比伊利姆更有海纳百川的氛围，而且拥有比欧米茄更加安全、更加生机勃勃的街头生活。它的灵感来自迪拜与东京这样的城市。

神堡的船坞规模宏大，这很好理解，因为这座空间站长达40公里，居住着1300多万人。我们参考了现代船坞并扩大了其规模，从而反映出神堡的庞大。

图岑卡

　　最上面的效果图是为了让影像部门理解玩家找到莱克斯的场景。持续不断的内战把克洛根人消耗得所剩无几，他们居住在废墟里，而莱克斯坐在王位上，周围只有克洛根曾经盛极一时的文明的废墟。这辆装甲车本来是初代《质量效应》中灰鲭鲨战车的概念图之一，不过看起来太大了。它在这里被重新设定成了克洛根人的载具，完美地契合了这里的氛围。巨大的轮胎让它能在乱石和饱受战争蹂躏的地面上行驶。

　　下页是图岑卡地下堡垒的概念画，克洛根人在这里躲避核战争和地表的炽热。

地平线

　　地平线是一个带有预制建筑的殖民地。我们想象这里的建筑都是预制模块，堆放在运输船里，就像今天的船运集装箱。根据殖民地的大小和需要，这些模块可以组装成各种建筑。右下图是采集者飞船出现在地平线上空的概念图。

2175 艾雅

　　雅各布的忠诚任务发生在2175艾雅。在这张概念图中，我们看到了一个未在地图上标明的星球。雅各布父亲的飞船大概十年前在这里坠毁。我们想要飞船被丛林淹没，而泥浆和木头搭建的小屋展示了船难幸存者在过去这些年里努力度过的光阴。

"炼狱号"

　　"炼狱号"是一艘监狱船，监狱管理人员和设备都位于长臂部分，囚犯都关在船体中。这艘船整体看起来就像鱼骨架。"炼狱号"的内部分区强调了警卫与囚犯的区别——警卫在装有防弹玻璃的走廊中行走，而囚犯待在中庭里。杰克是银河系最强力的生物异能者之一，她被关在冷冻牢房里，受到最严格的单独监禁。

普拉吉亚

　　杰克的忠诚任务发生在普拉吉亚上的一处废弃的"地狱犬"基地里。这里雷雨交加，烘托出恐怖电影的感觉，暗示杰克童年的悲惨遭遇。

移民舰队

这张概念图显示了奎利人移民舰队的规模，有超过5万艘战舰。下方图画是一艘生活船的内部，它为舰队提供食物和补给。所有可以利用的地方都塞满了物资，就像塞满了大堆货物的大篷车。空气被过度地循环使用，以至于总是雾蒙蒙的。

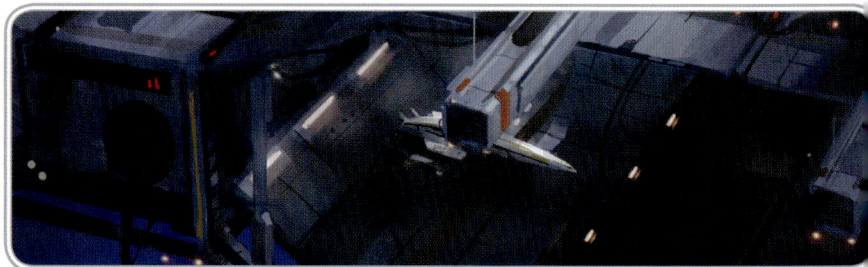

奎利人奉行素食，这并非出于伦理考虑，而是现实的原因：相比种植植物，喂养牲畜所需要的水要呈指数级增长，而在星际飞船上，所有水资源都需要小心节约。

生活船的球形设计主要是为了让它在舰队中特别醒目。球形能使奎利人的粮食产量达到最大化。其他飞船的设计都是为了显示移民者在船上已经居住了很长时间，飞船的心脏部位有个空心圆环，当奎利人的生活空间不够用时，货运模块就挂载在圆环上。这种设计让移民舰队有难民的感觉，因为他们在数个世纪之前被驱离了家园。

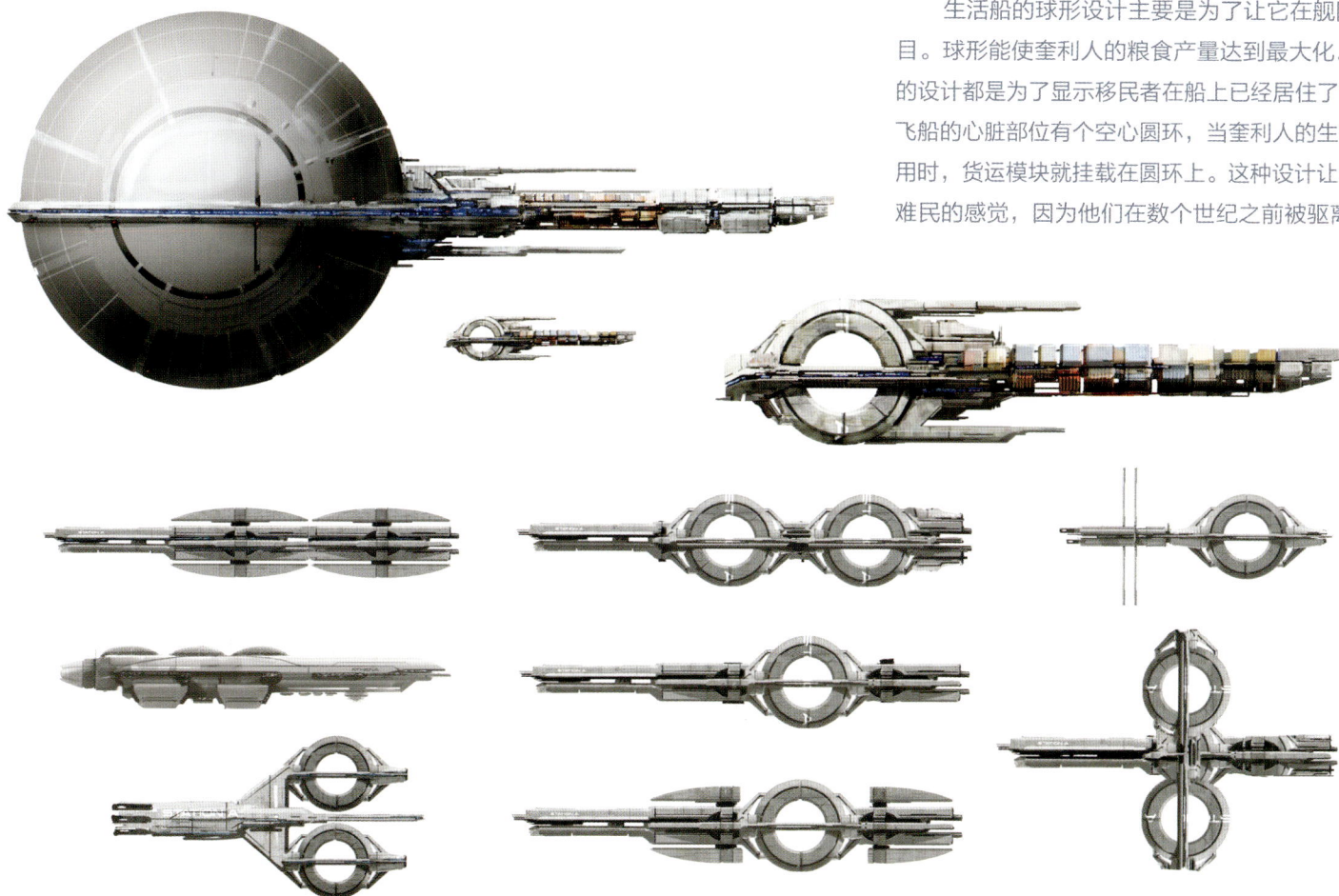

科卢斯

科卢斯以印度的一家拆船厂为基础进行设计，丧失功能的油轮和其他巨型货船在这里被分解并循环利用。当然这里的船是宇宙飞船，可以想见，毁坏星际飞船时产生的各种副产物对环境造成了严重的污染。

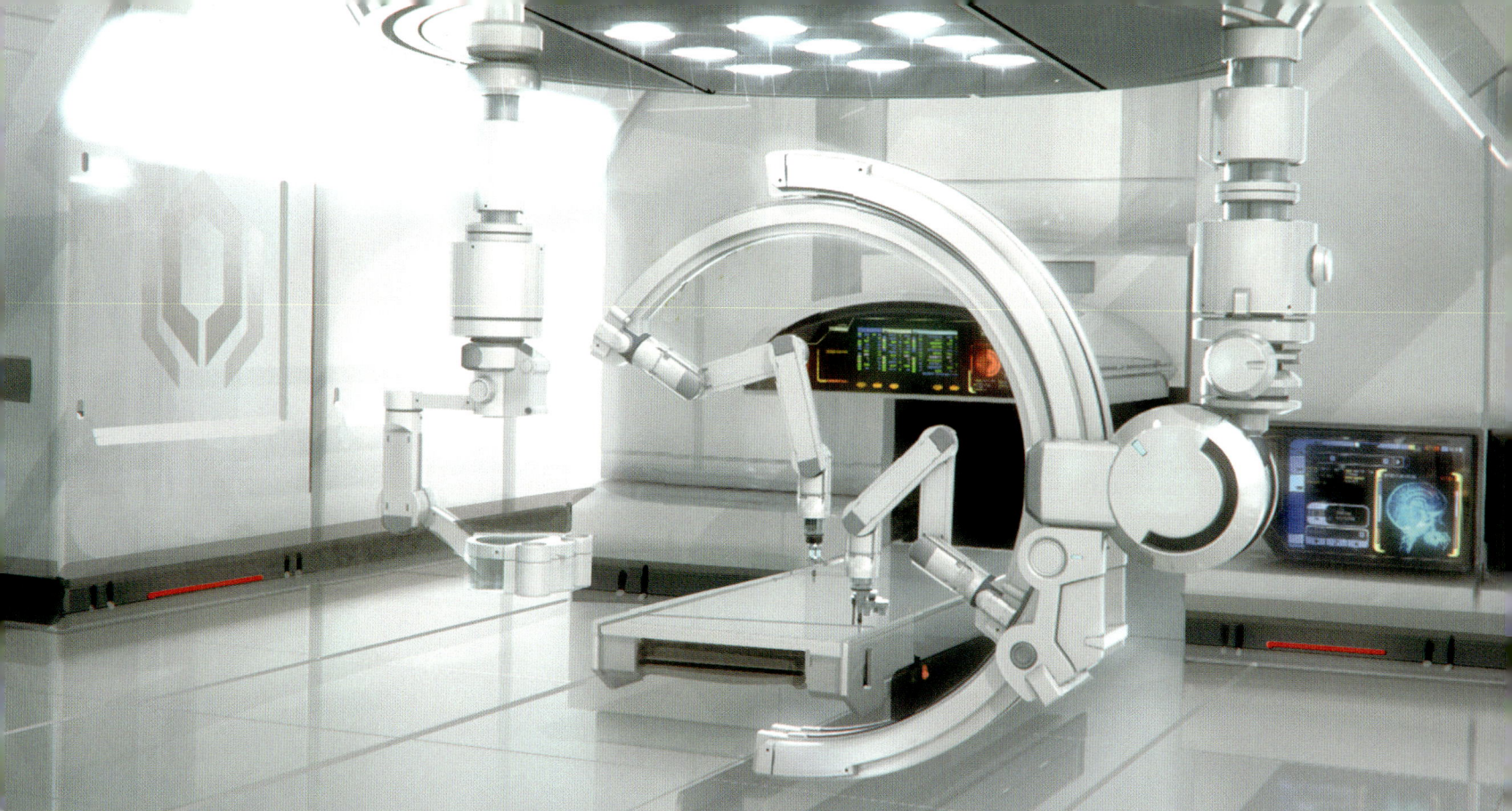

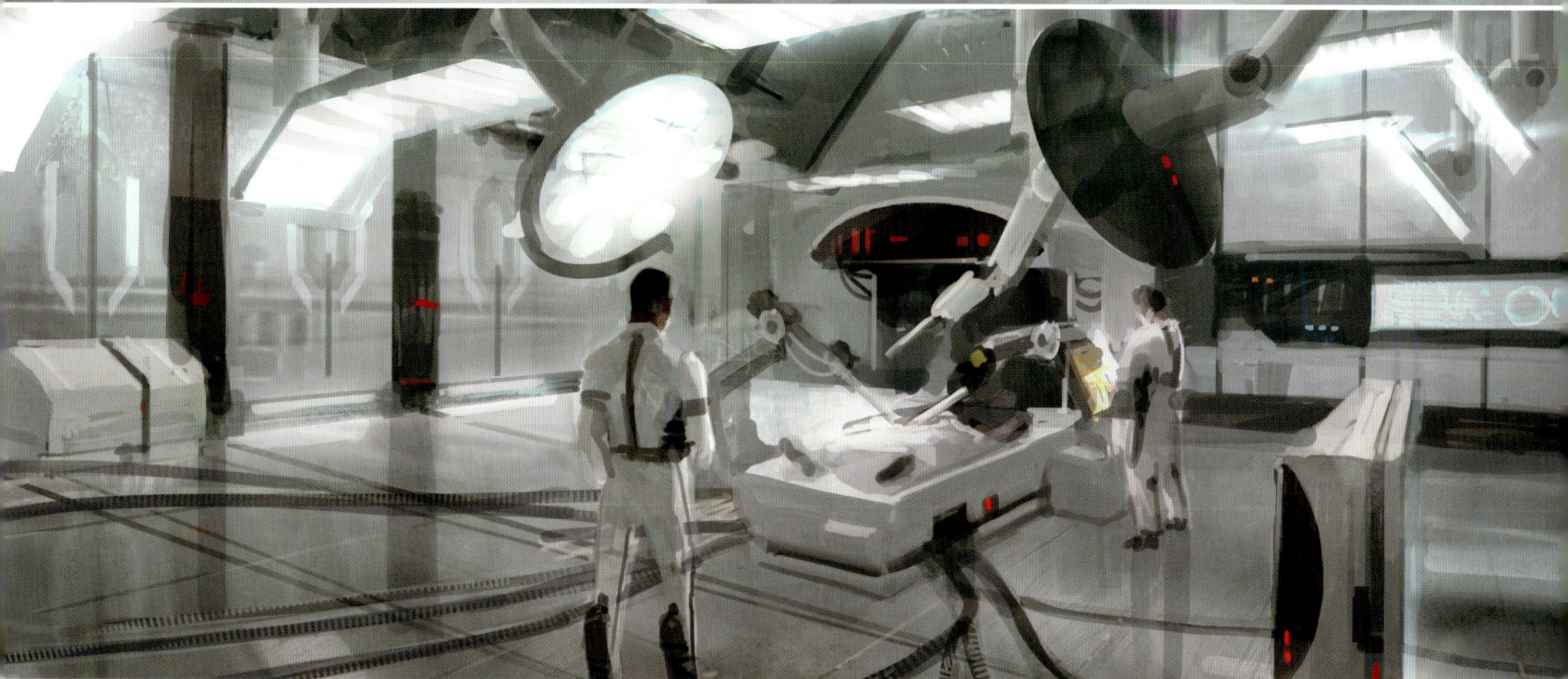

拉撒路研究站

　　以上是拉撒路研究站的概念图，薛帕德就在这里复活。"地狱犬"的空间站呈现出比较偏向人类的建筑风格，不像阿莎丽人的生活环境一样整洁精细。"地狱犬"的内部主要呈黑、白、橙色调，这也反映在"地狱犬"的标志上。

被抛弃的收割者

　　"地狱犬"团队分析收割者的想法帮助解决了潜在的关卡设计问题——如何在原本并非供人在其中行走的生物体内四处走动？"地狱犬"团队为了便于导航而搭建了平台，这也让我们能够制作一个可以支持作战系统的关卡。

　　下页是被抛弃的收割者的早期概念图，展示了质量加速器炮弹给它造成的致命一击。这些概念图帮助确定收割者的内部构造有多怪异。收割者是外星人，不过也是一个机械种族，所以他们的内部构造仍有一种逻辑感。

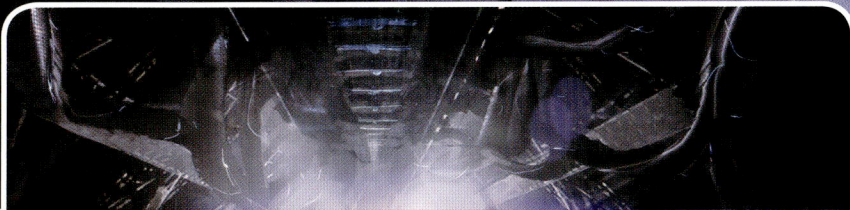

霞被偷走的记忆

在霞的任务中，霍克的大宅子被构想成好莱坞山上的那种豪宅，不过更先进，具有"质量效应"时代的风格。这个任务最初被设定在伊利姆或者其他的阿莎丽星球上，不过最终发生在人类行星上，于是建筑风格也随之变化。

影子经纪人的巢穴

影子经纪人的飞船被发现于一颗自转非常缓慢的行星上。这里一边非常热，一边很冷，而二者交界的狭长地带，风暴终日无歇。为了对付暴烈的阳光，飞船后部张开了一张巨型护盾，使它的轮廓很有辨识度。

场景：霞被偷走的记忆与影子经纪人的巢穴

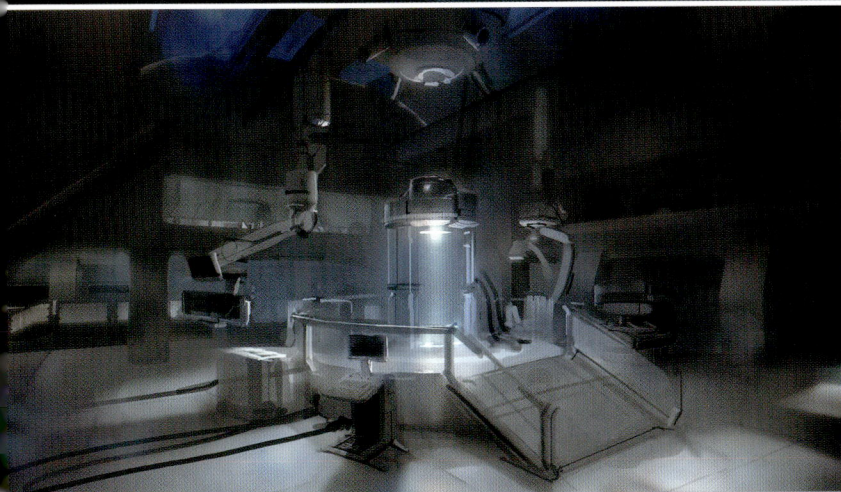

降临站

降临站一开始被设置在人类建造的水下基地里。薛帕德要降落到一颗海洋星球上,并搭乘潜水艇到达主关卡。这一关的理念是要让它具有电影《深渊》的感觉。基地里的每一个部分都是一个单独的舱室。最后,这个基地被挪到了一颗小行星的表面,成为一个重要的剧情关节点。

场景："诺曼底SR-2"

　　《质量效应2》的剧情需要"诺曼底号"被摧毁，这就让我们可以自由地重新设计这艘战舰。"诺曼底SR-2"船体更大，而且层数更多。新的驾驶舱辨识度更高。我们还给飞船设计了更加流畅的外形。

　　"诺曼底SR-2"有许多不同的版本。我们调整了尾鳍、发动机的位置，以及船翼与船体的大小比例。我们想要"诺曼底号"的涂装带有更多肌肉型跑车的元素，使之比典型的宇宙飞船或者战斗机有更强的攻击性。起初，我们提出要让玩家对"诺曼底号"的外观拥有最多五个级别的个性定制，不过后来还是放弃了这一决定，因为这意味着太空场景无法从预渲染所产生的壮观景象中获益。

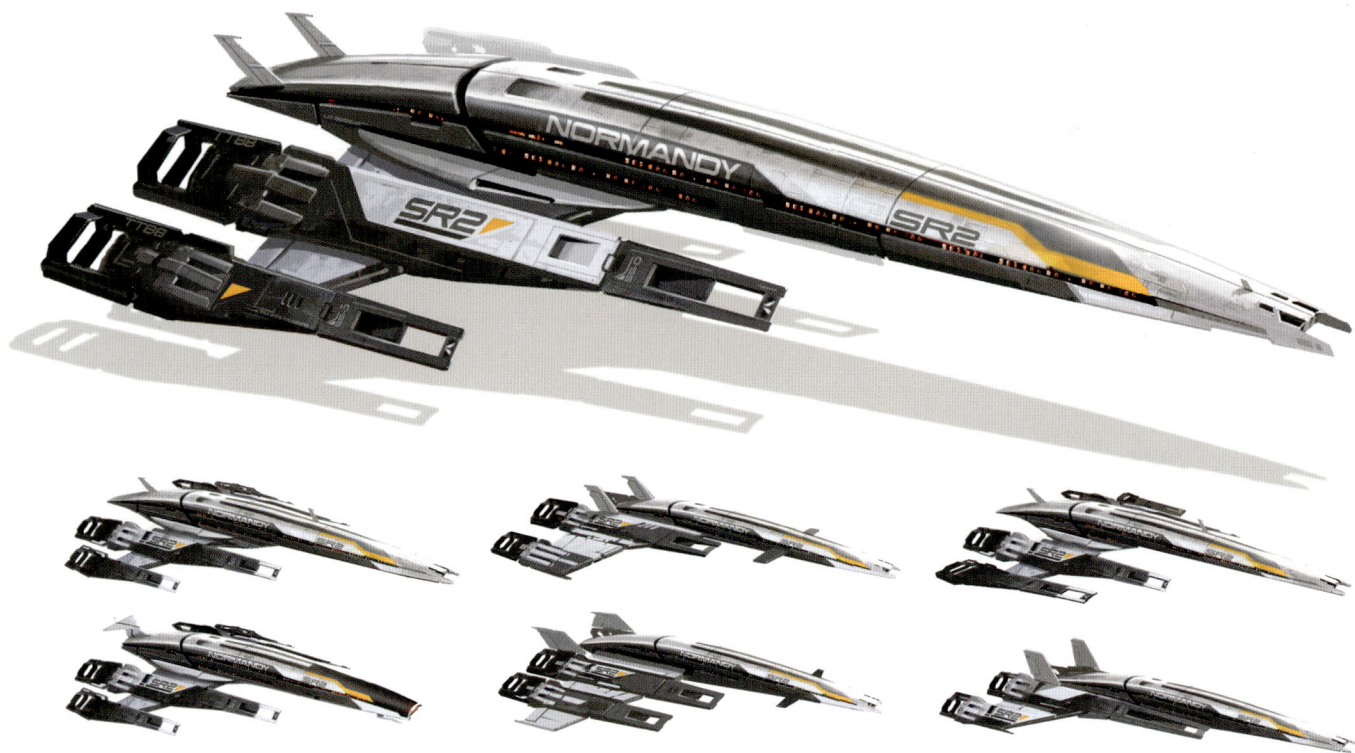

我们想让"诺曼底SR-2"的发动机室使人联想起
超级对撞机，正是它为飞船提供了强大的能量。球形物
体存储着用于超光速飞行的零号元素。

为了便于上手，飞船的内部设计要让初代《质量效应》的老玩家感到熟悉。它看起来就
像是SR-1的高科技版本，不过给"十二金刚"[1]——《质量效应2》中加入薛帕德队伍的关
键小队成员——提供了更大的空间和更多的房间。

1 原文"dirty dozen"，指的是1967年的一部电
影《十二金刚》，讲述了二战期间美军派出十
二个重刑犯刺杀德军将领的故事。

采集者飞船

采集者飞船的设计来回返工过好几次，是比较难设计的关卡之一。起初，飞船的设计走得太远，里面有树有草，能让人类俘虏放下警惕，在被收割之前更加温顺。后来我们确定，首要任务是让飞船真的像是采集者建造的那样，所以我们参考了白蚁蚁垤和蜜蜂蜂巢，营造出更加泥泞的有机体感觉。

最下面的图片是收割者原型，悬挂在内部房顶上。这张概念图展示的是它依然在采集者的建造过程中。

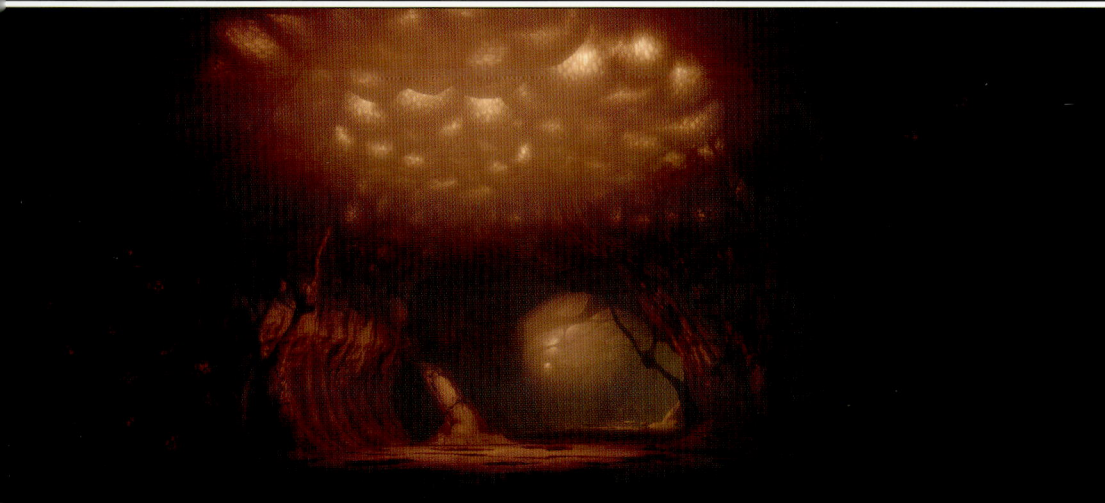

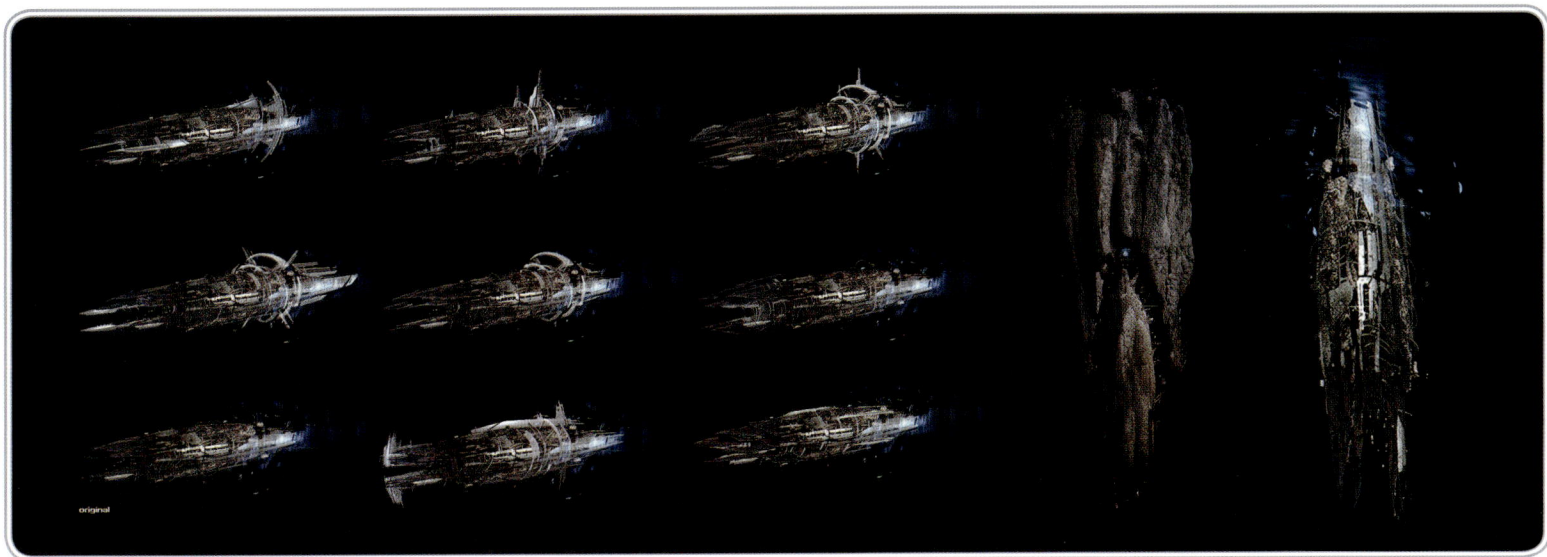

上面两张概念图展示的是采集者飞船内部的样子。中间通道上面有很多用来装载人类俘虏的密封舱。在它们上方，营养输送管收拢在收割者原型的体内。最下图是收割者飞船的外部概念图。我们又一次参考了白蚁蚁垤，展示出飞船就像收割者一样，是人造物与有机生命的综合体。

我们只为YMIR重型机器人制作了少量概念图。我们纠结的地方主要在如何设计一个标志性的头部，可以安在机器狗和轻型机器人的身上，以显示它们来自同一个制造商。我们把机器人的肩膀抬得很高，这样身形就极有特点，看上去像一头大猩猩。

从不同版本的草图中可以看出，我们决定把FENRIS机器狗的嘴设计成一个传感器阵列，这样才是充当哨兵角色机器装备的主要特征。

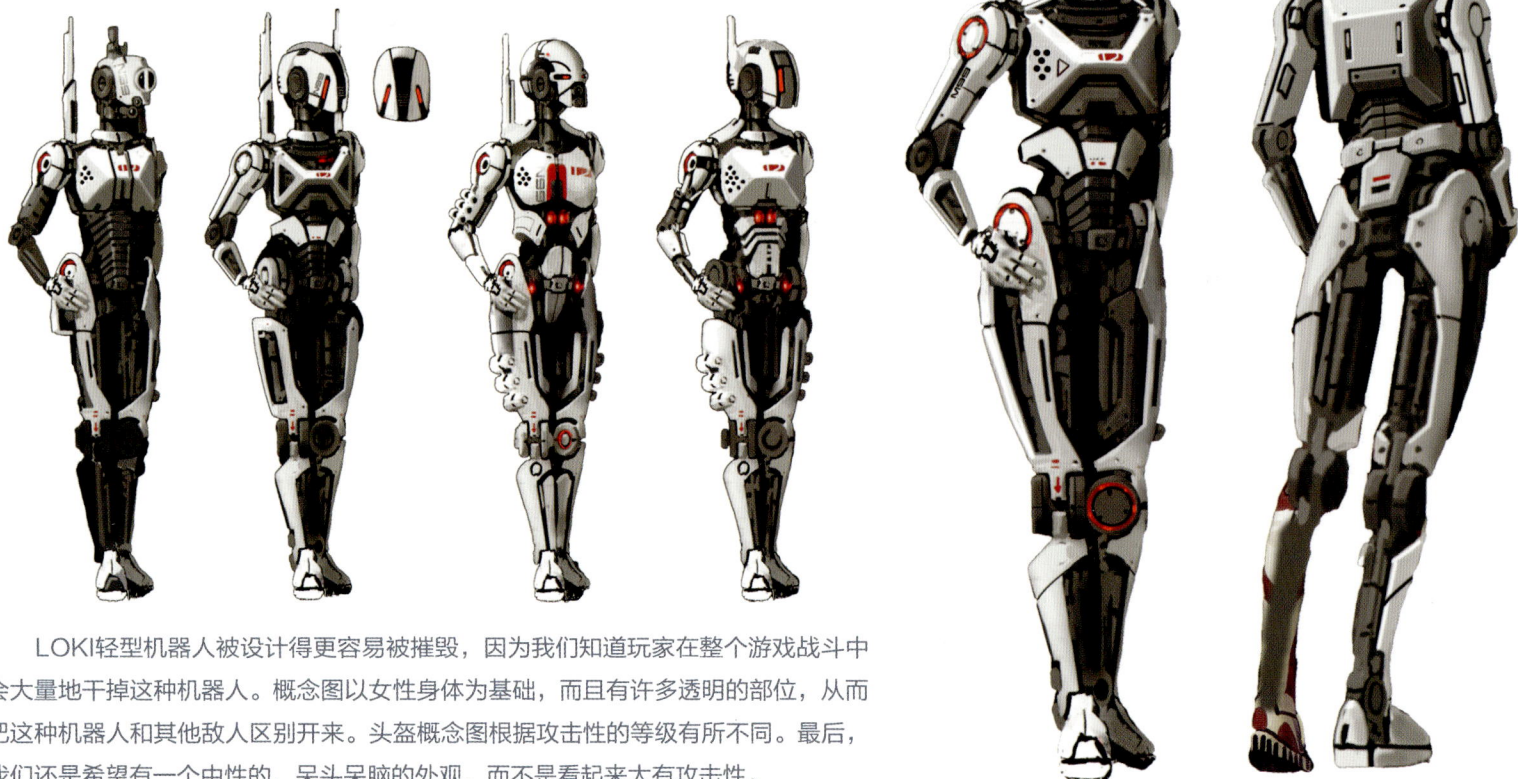

LOKI轻型机器人被设计得更容易被摧毁，因为我们知道玩家在整个游戏战斗中会大量地干掉这种机器人。概念图以女性身体为基础，而且有许多透明的部位，从而把这种机器人和其他敌人区别开来。头盔概念图根据攻击性的等级有所不同。最后，我们还是希望有一个中性的、呆头呆脑的外观，而不是看起来太有攻击性。

眼球与机械无人机

眼球背后的想法是，它是一个视线无死角的眼睛，可以发现并杀死玩家。其外形应该是一个光滑的圆球，里面堆满了收割者黑科技。实际上，它的设计以一个立体声音箱为基础，而眼球的参考当然来自于HAL9000[1]。

下面这张概念图的部分设计理念来自工程师的无人机，这个敌人主要用来扰乱对方，并不能构成多大威胁。我们希望无人机的最终设计不要太夸张，并且能让人想到制造它的万用仪。

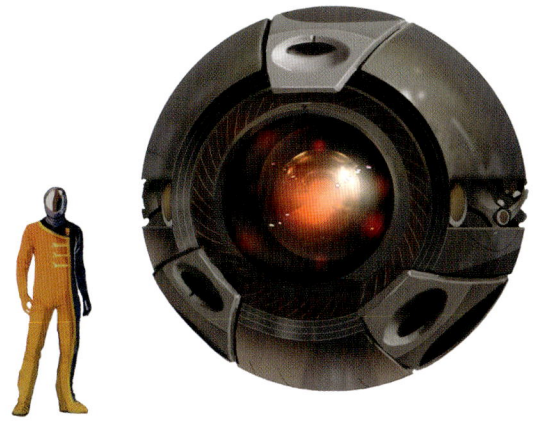

1 HAL9000是电影《2001太空漫游》中的超级电脑。

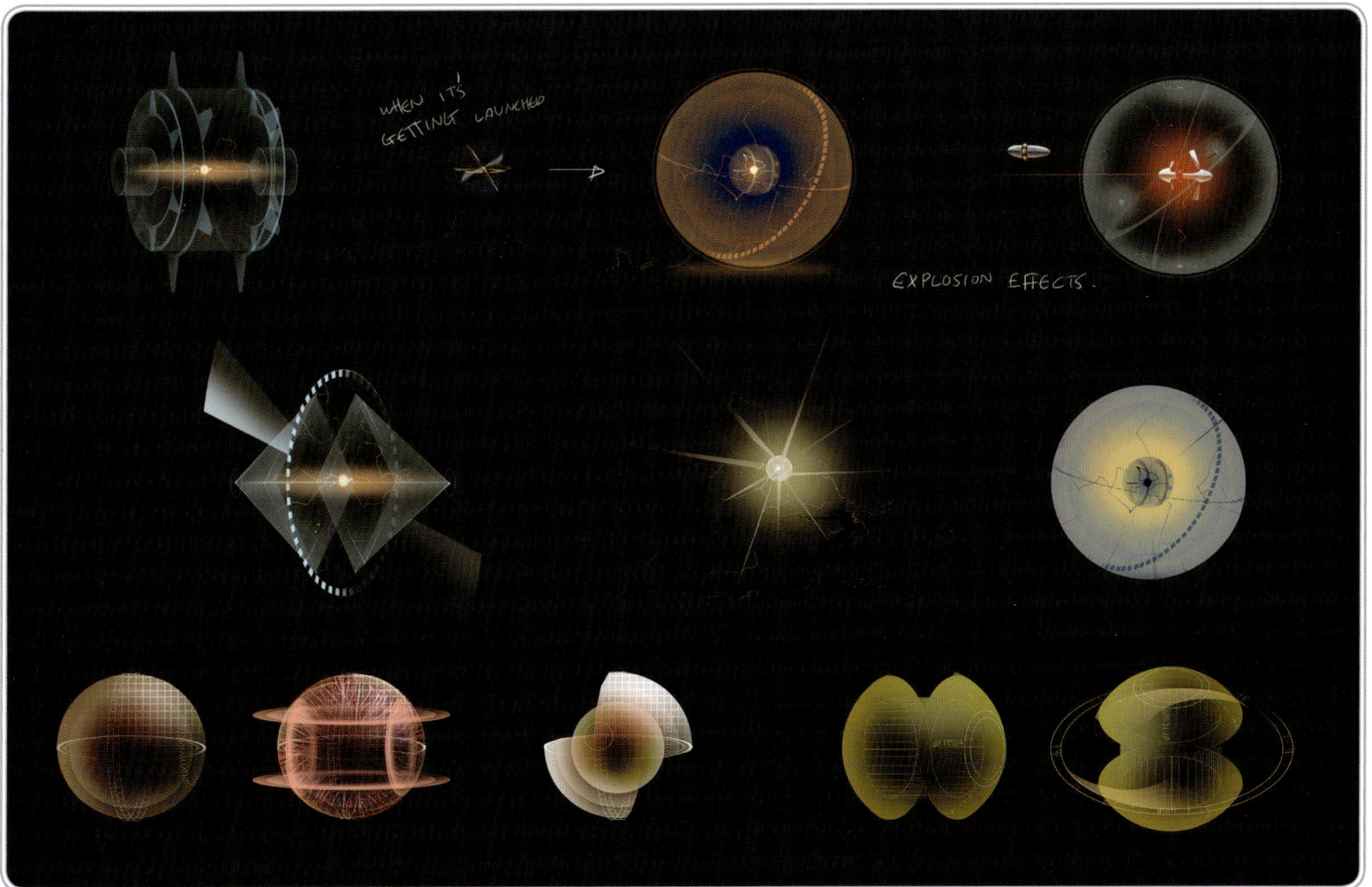

武器

　　《质量效应2》里有各种各样的传统枪支，细分为五个类型。有手枪、霰弹枪、狙击步枪、突击步枪，以及冲锋枪。在《质量效应2》中，我们决定不要让枪械因为太具有未来感而过于抢眼，不过我们依然试着给它们添加《质量效应》标志性的双枪管，从而让武器看起来与众不同。所有神堡种族都由同样的武器公司供货，为了制造这种统一的感觉，除了采集者和桀斯之外，所有种族的武器都有相似的设计特点。

如图所示，《质量效应2》引入了很多重武器。每种重武器在游戏中都有其独特的作用，这些武器块头都很大，从而暗示其强大的火力。

阿什莉·威廉姆斯

　　我们本来想让阿什莉、凯登和莉亚娜成为贯穿整个游戏三部曲的恋爱对象。在《质量效应2》中，我们把他们从玩家身边拿走，又让他们在《质量效应3》中激情回归。为了让阿什莉回归游戏系列，我们放下了她的头发，让她更加妩媚性感，并给她穿上使用新配色的联盟制服。阿什莉起初是在地球上以联盟军官的身份偶遇薛帕德，所以她的标志性形象是一身漂亮的军官制服，不过之后她会穿上一整套护甲。

　　我们为阿什莉设计了多种发型。最终团队决定让她看起来不那么板正，因为到《质量效应3》时，她和薛帕德已经很熟悉了，所以这也很适合。

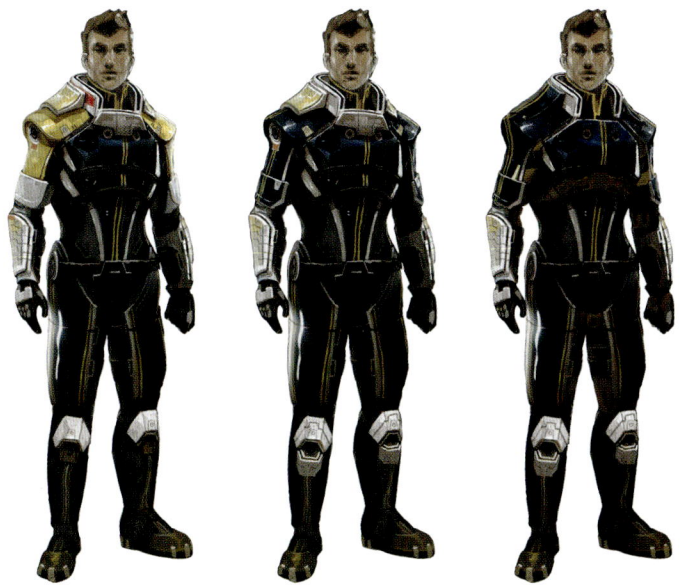

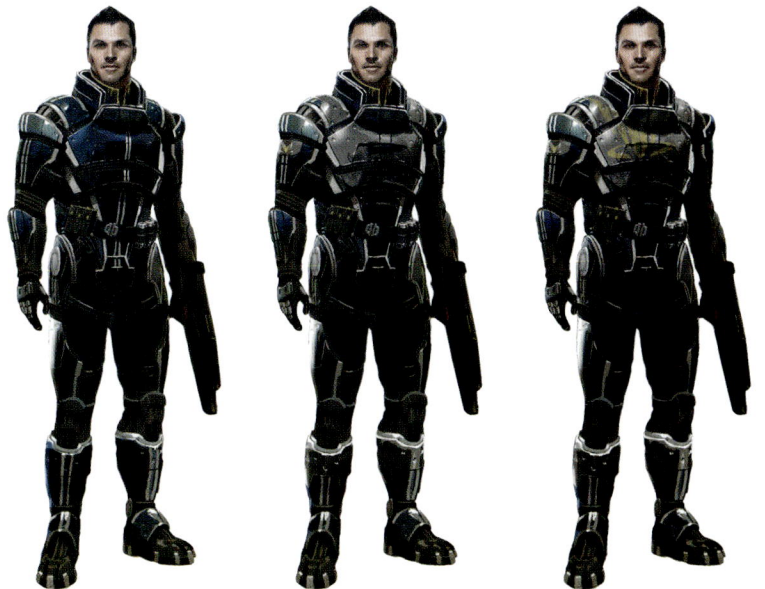

凯登·阿连科

　　凯登的护甲在初代《质量效应》中几乎没给人留下什么印象。我们想要改变这一情况。设计团队令阿连科块头更大，来显示他已经身经百战，并准备参加银河系史上规模最大的战斗。他的护甲经过多次微调，与此同时，我们还要以此确定联盟的男性人类角色的服装配色。

　　我们使用了初代《质量效应》中凯登的头部建模，不过因为那已经是六年前的设计，所以我们在《质量效应3》中对他的容貌做了更新。

詹姆斯·维加

詹姆斯·维加的设计理念是要呈现一名蓝领基层军官——浑身肌肉的人形坦克。我们给他更厚重的护甲，暗示詹姆斯拥有不可阻挡的力量。设计团队还给他添加了胡子、伤疤和文身，让他与联盟海军陆战队的其他士兵区别开来，尤其是与阿什莉和凯登截然不同，后两位的造型更干净利落。

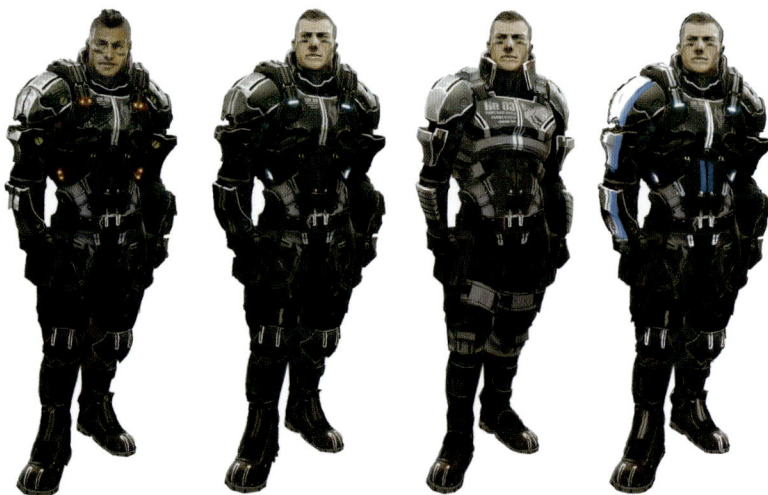

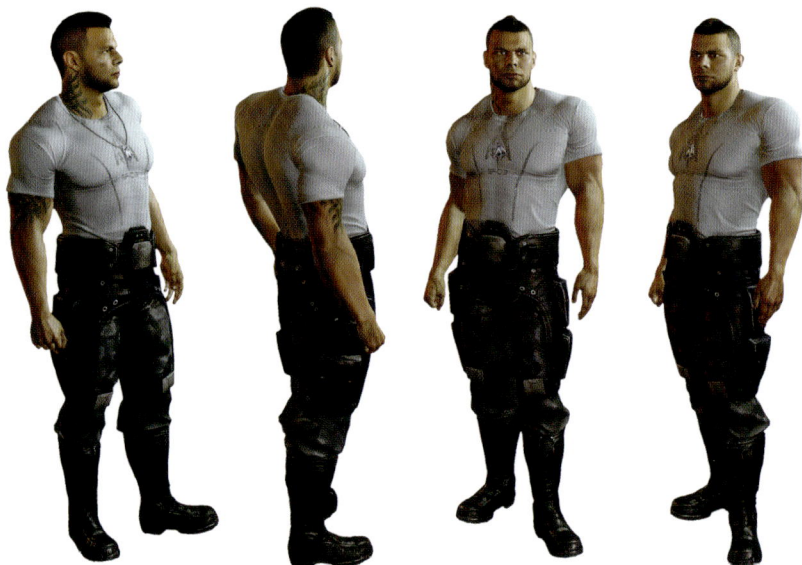

安德森上将

安德森上将在游戏三部曲中首次披挂上阵。他显得有些疲惫，但这不仅没有跟战场环境格格不入，反而能体现出他的资历。

盖拉斯·瓦卡里安

我们为盖拉斯标志性的蓝黑护甲加上了银色，以显示他的新军衔。他的眼睛有轻微改动。我们还为他的护甲增加了更多细节。我们希望盖拉斯仍是玩家熟悉的样子，只是身穿更加厚重的装甲，好让他能够经受住《质量效应3》中的战斗。

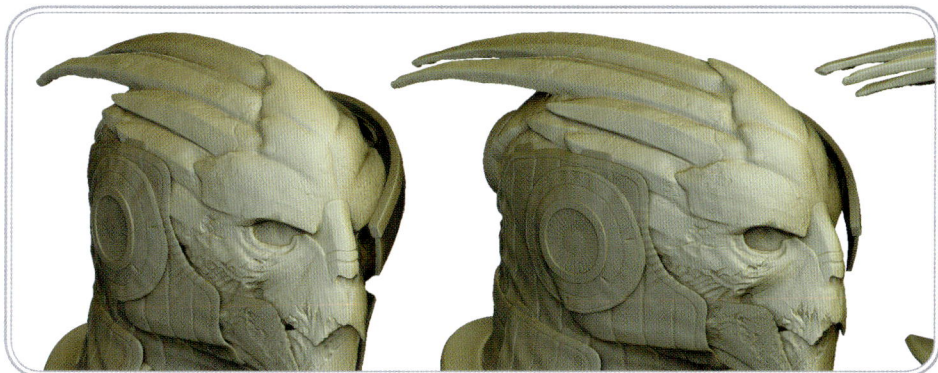

莉亚拉·特苏尼

　　粉丝对初代《质量效应》中莉亚拉穿着医学大褂的形象十分熟悉，不过我们决定选择她在《质量效应2》的追加下载内容（下载包）《影子经纪人巢穴》一关中的那身外套。大褂能够表明她的科学背景，而形似护甲的部件则提醒玩家，银河系正处于战争之中，就连平民也必须参与战斗。

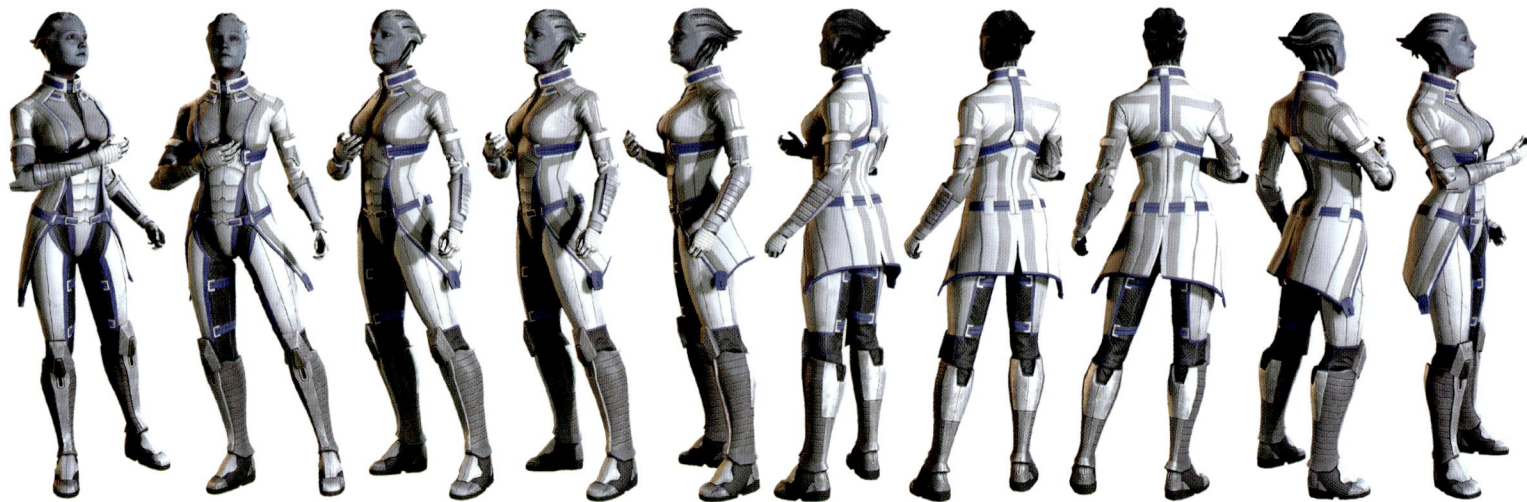

杰克

我们想要表现杰克自从《质量效应2》以来已经成熟了不少，不过内心依然叛逆。她现在衣服更多，也留了头发，不过依然拒绝体制。在设计概念图的时候，我们还不清楚她会成为格里斯姆学院的一名教师，所以她的扮相对于课堂来说还蛮不寻常——不过杰克也永远不会穿上正规制服。

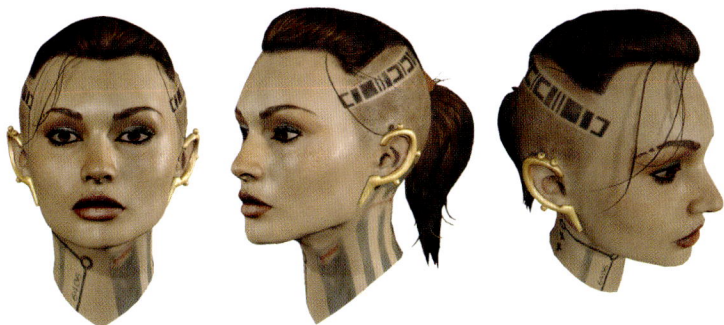

伊蒂（EDI）

伊蒂的身体必须性感，明亮如镜，而且像个机器人，这是电影《大都会》中玛利亚角色的"质量效应"版本。我们讨论了很久她要多像机器人，她的"头发"应该是什么样子，她的面孔是否应富有表情。我们认为既然她是一个渗透侦察单位，并且曾经有皮肤覆盖着金属的体表，那么她应该与其他人类一样具有面部表情，不然这个小队就太容易被认出来了。

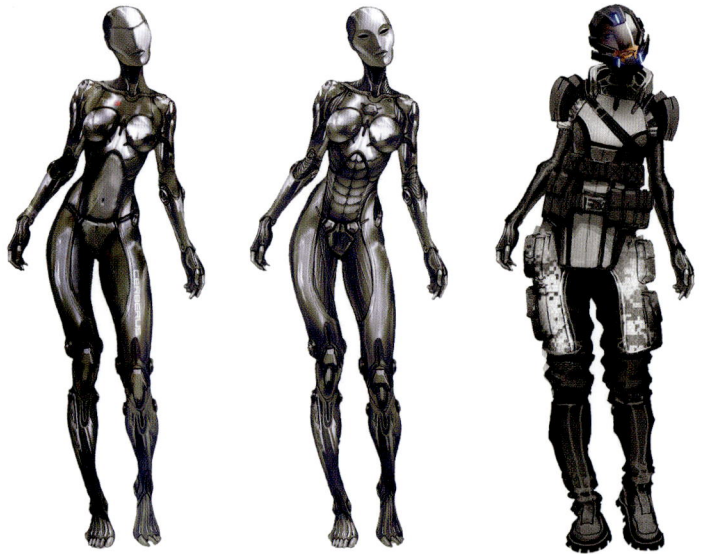

伊蒂的早期草稿图中有一个模型没有眼睛。我们原本以为类似万用仪的全息眼睛行得通，但我们最终否决了这个设计，因为它无法在我们的数字动作系统下正常工作。

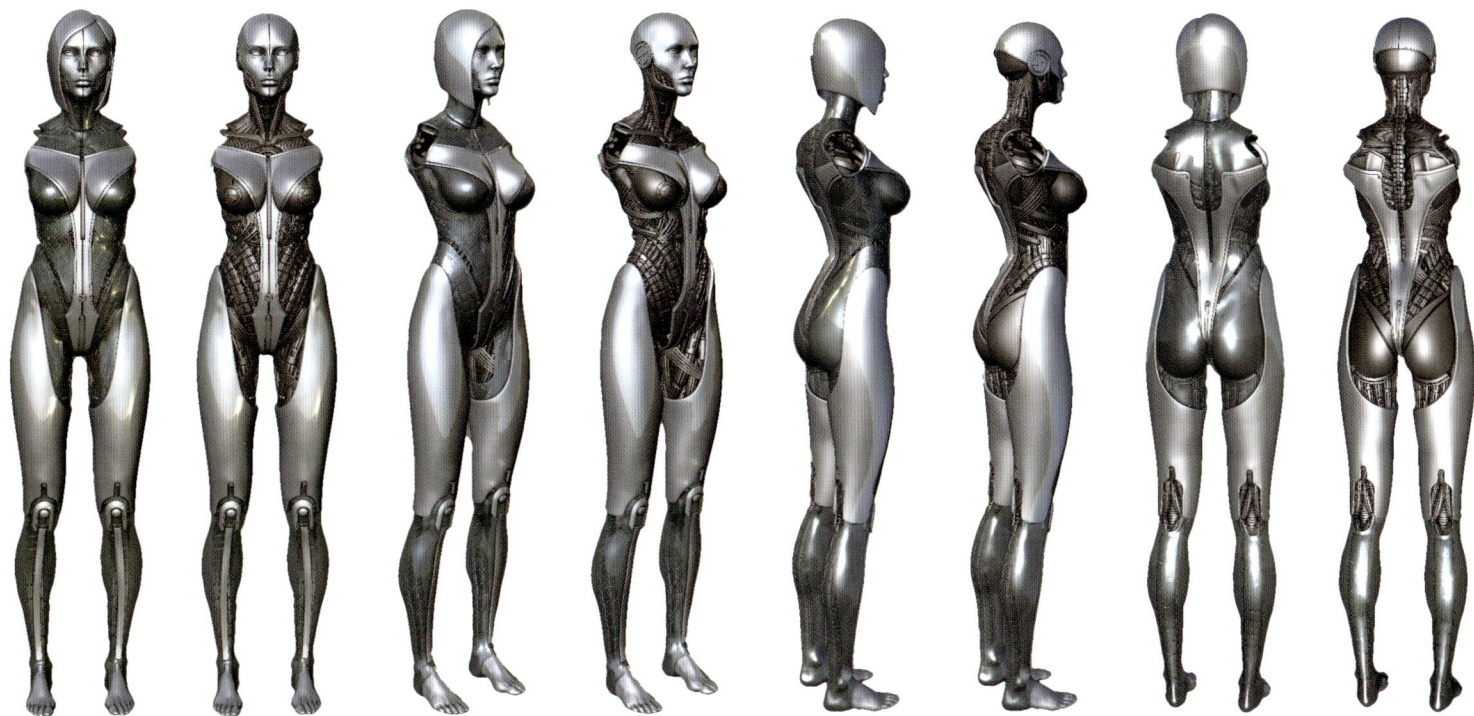

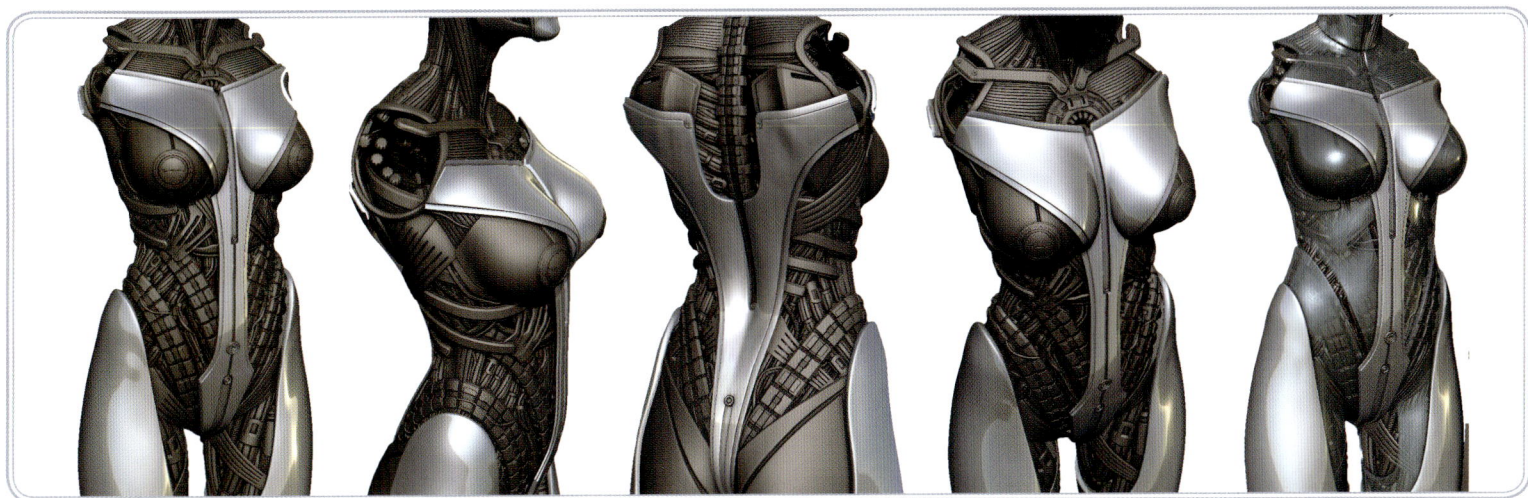

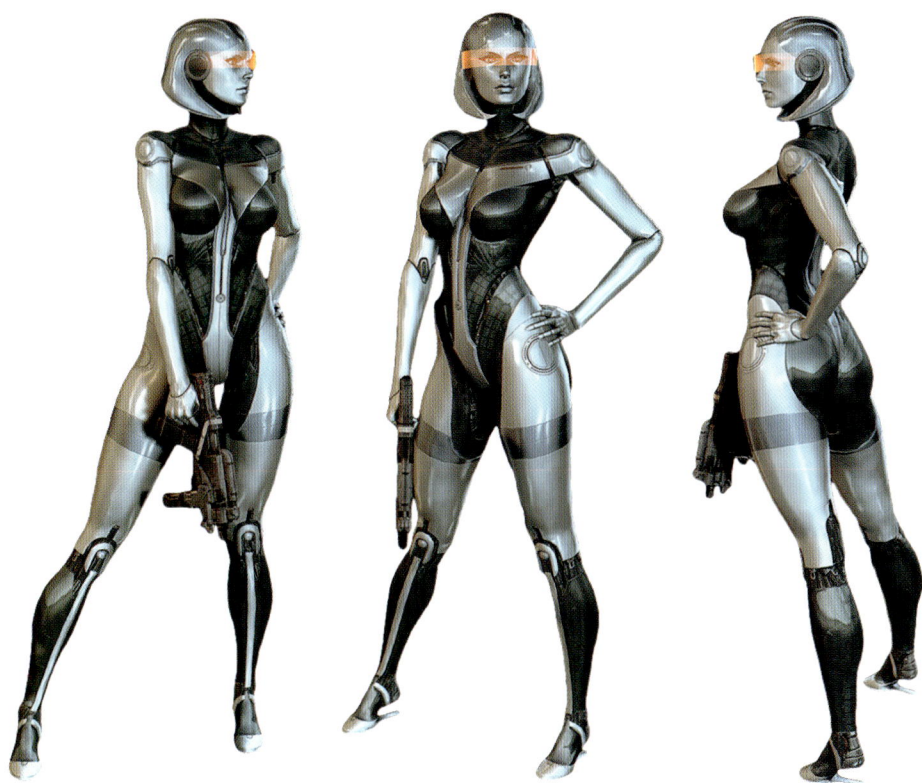

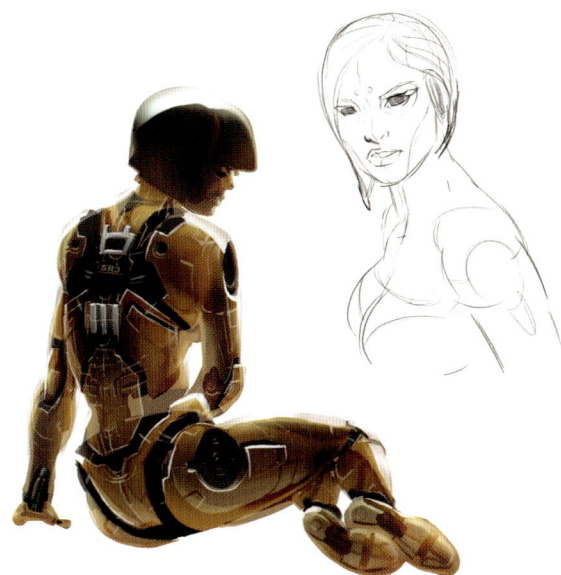

上面是一些部分完工的3D模型，从中可以看出伊蒂设计中细节的层级。很多讨论聚焦于伊蒂的身体形态，实体与透明表面分界线应位于何处，以及如何优化双色调外表的色值。

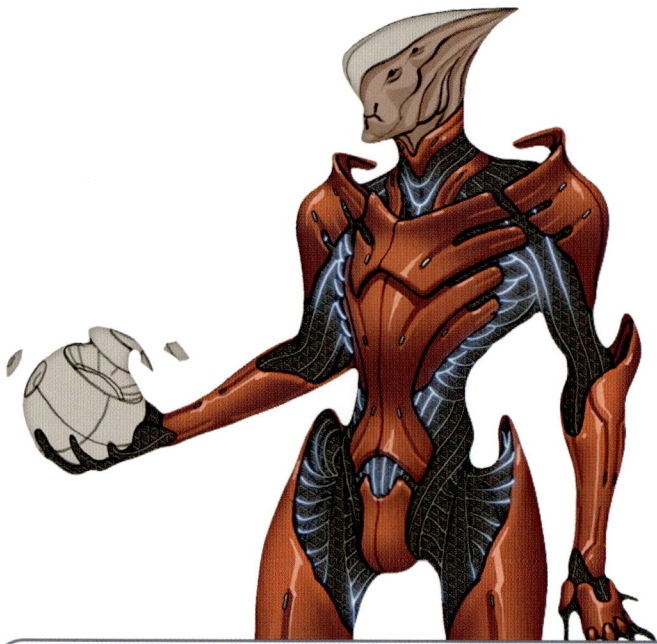

普罗仙人

埃洛斯上的普罗仙雕像在初代《质量效应》里看上去很模糊，因为我们当时完全无法确定普罗仙人在三部曲中会在多大程度上现身。到开始制作《质量效应3》时，我们知道采集者就是收割者手下的普罗仙族受害者。采集者的外形影响了我们对普罗仙小队成员的制作。

我们想要让他看上去比采集者更有智慧，因为普罗仙人的样子需要看起来像是能够发明银河系中最先进的技术。

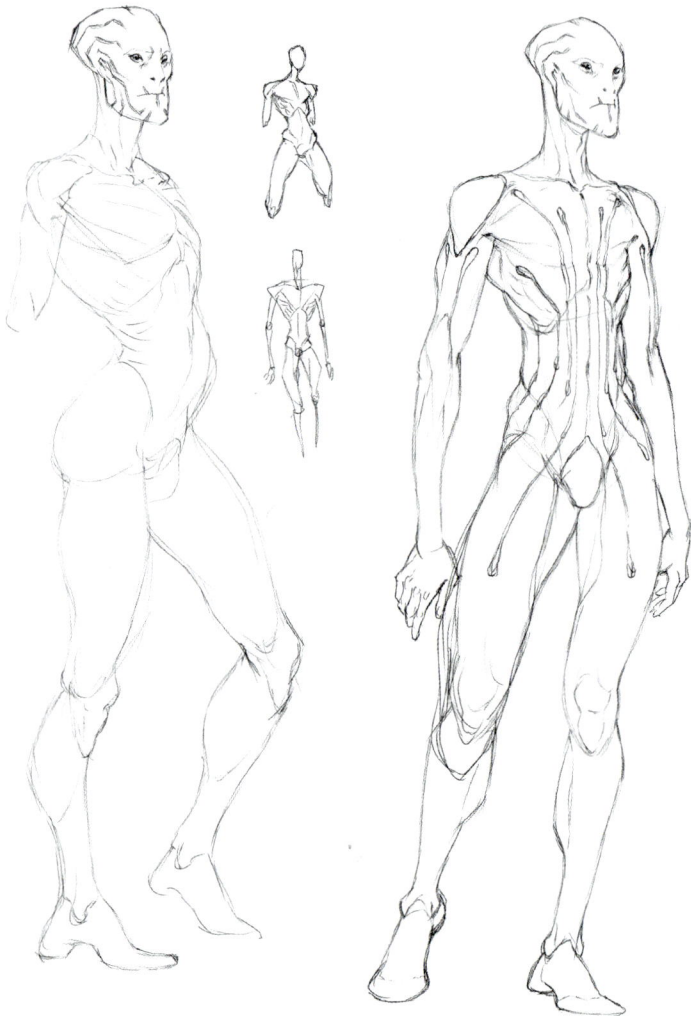

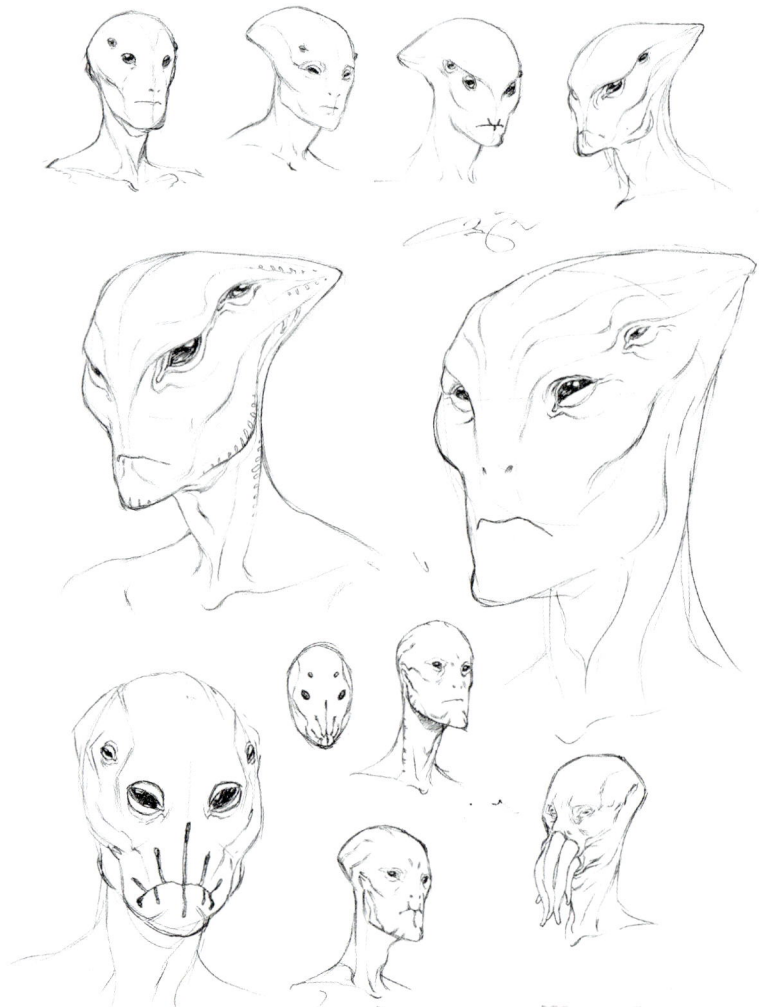

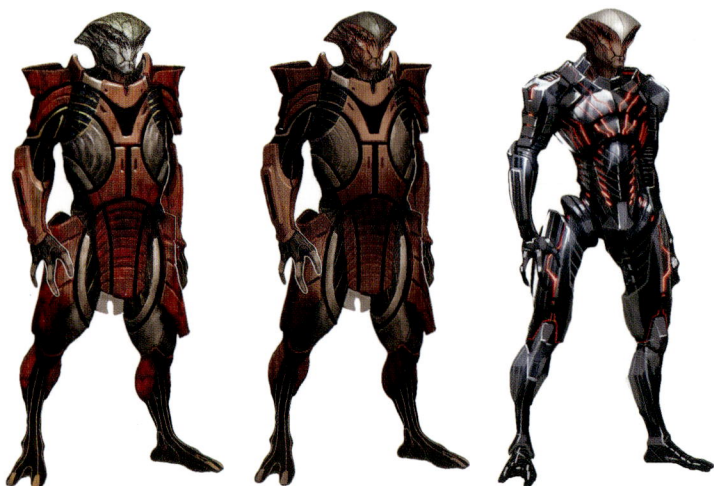

我们设计了很多版本的普罗仙人护甲。护甲必须有一种很古老的感觉，同时仍旧拥有极高的科技水准。最后我们选择使用了类似日本武士的衣着，而不是薛帕德的高科技护甲。这是为了暗示穿着盔甲的种族已经停滞了超过5万年。

上图是最终确定的普罗仙人的头部模型，坚壳外形也是采集者的关键要素。我们为眼球加上了复合瞳仁，并且在嘴唇上增加了第二组鼻孔，使之拥有明显的外星人的观感。

小孩

这个小孩代表了薛帕德未能拯救的地球人类。下图是孩子的衣着,我们想要它的样式既符合远未来的风格,也不会太不同寻常,以至于和今天的孩子区别太大。

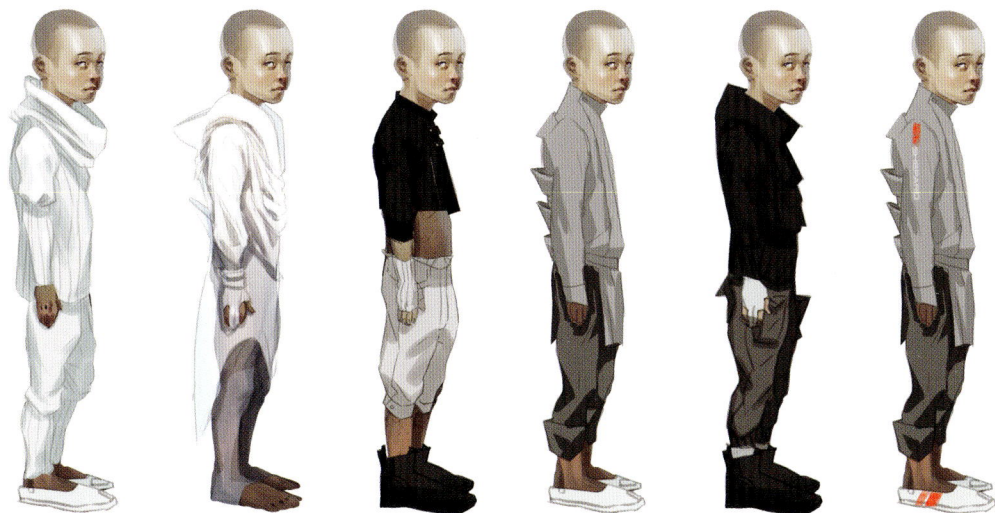

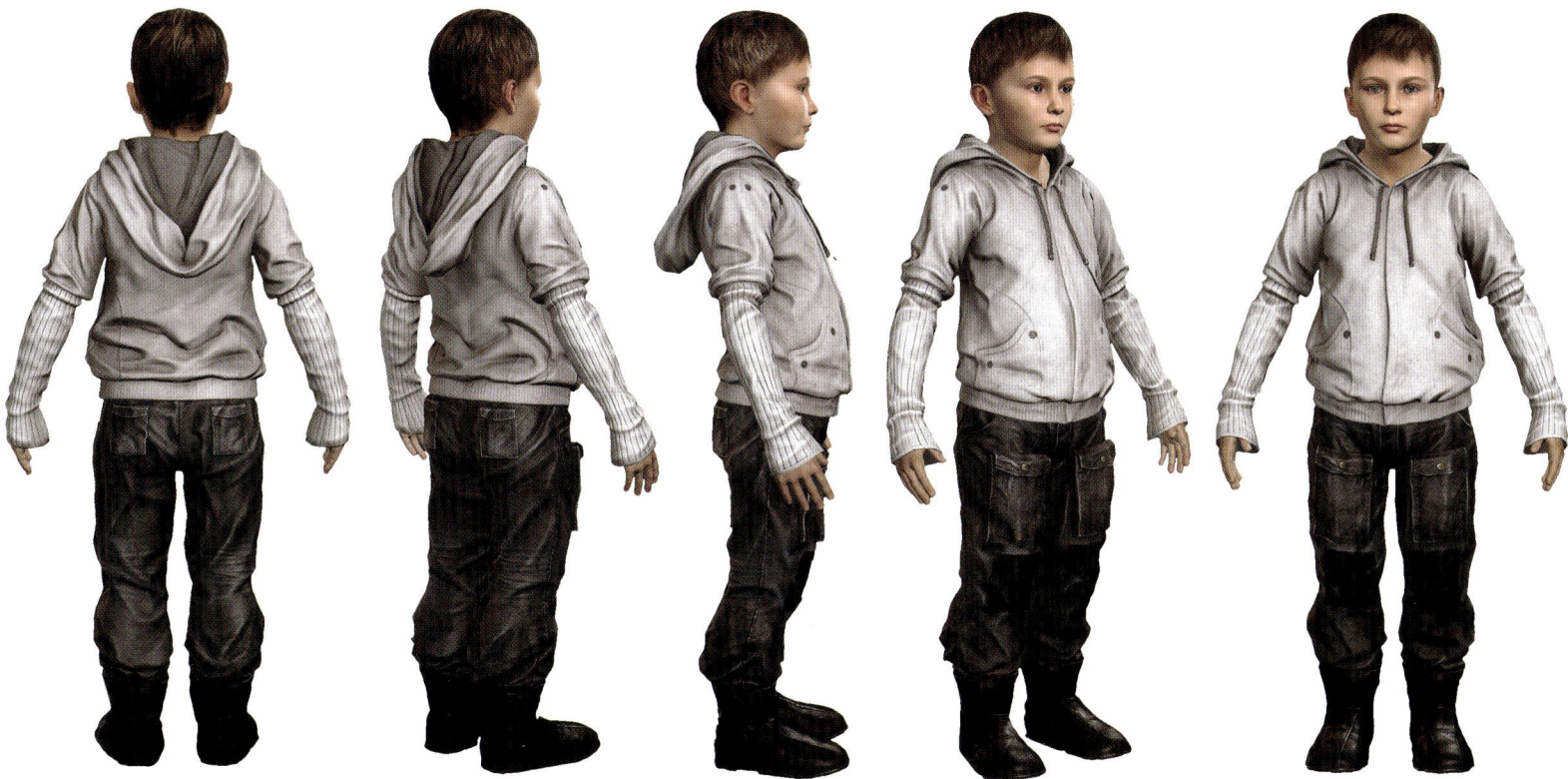

冷凯

冷凯是"地狱犬"的顶尖刺客，曾在《质量效应》小说中出现。《质量效应3》是他在游戏中第一次亮相。早期的概念图给了他金属制成的双腿和坚硬的护甲，不过后来发展成轻便的潜行装，外套则与塞恩很像。他的脸部与身体拥有明显的有机植入体，暗示他在小说中的故事发生之后曾经被改造过，也因此变得更加致命。

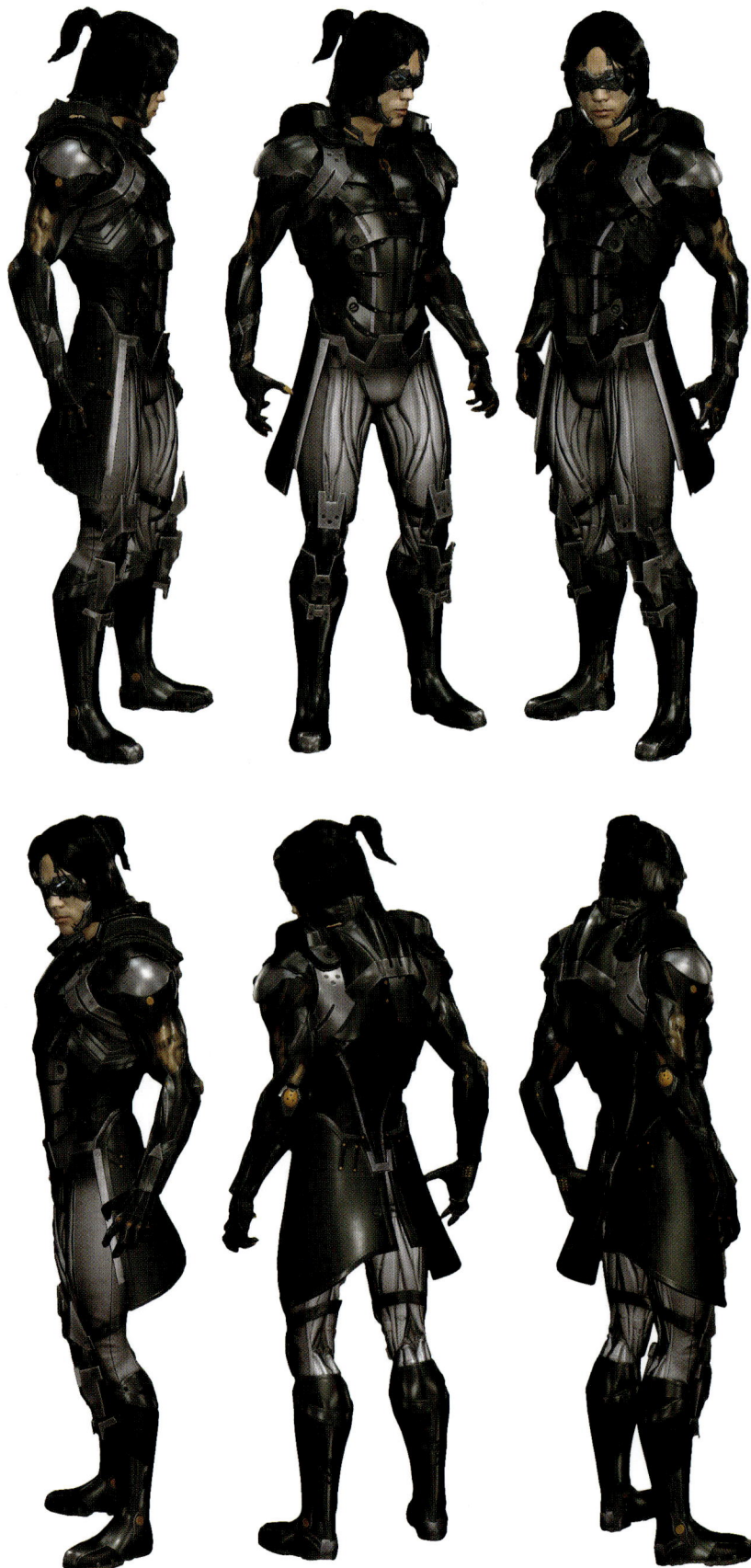

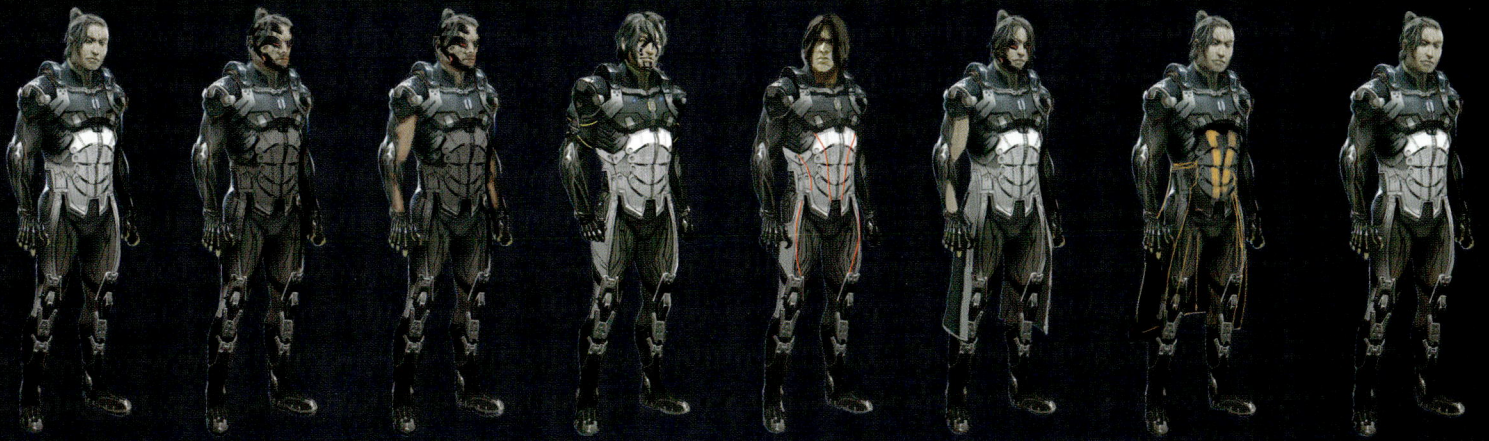

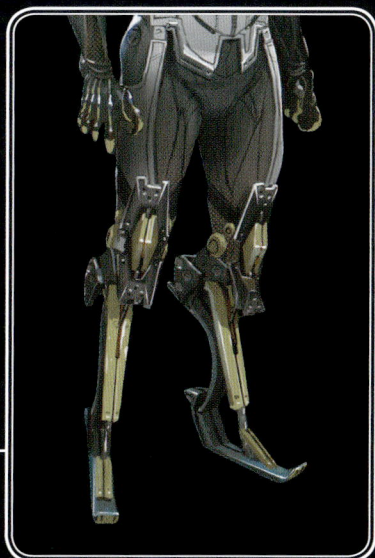

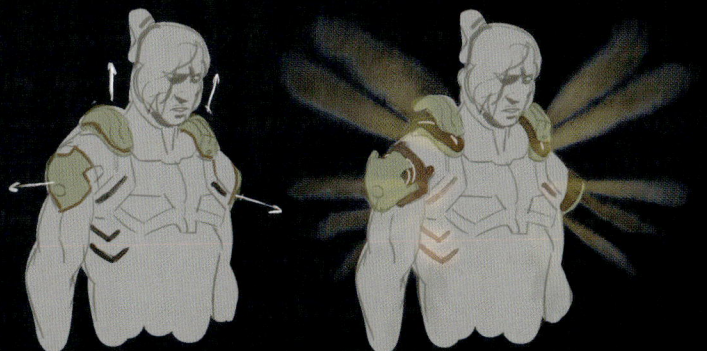

很久以前，我们就决定让冷凯采用"地狱犬"的配色，不过我们不太确定他的发型、外套长度，以及面甲的类型。左边概念图展示的是一个魔改版的冷凯，下肢是非人类的金属腿。这是设计初期的一个方向，因为在小说《质量效应：天罚》[1]中，安德森开枪打断了冷凯的腿。

1 《质量效应：天罚》已由果壳阅读推出中文版。

幻影人

我们曾经有一个计划，就是让幻影人在最终的决战中变成收割者。最后这个计划被取消了，因为我们想要满足玩家与一个熟悉的角色对战的要求，而不是随便扔过来一个怪兽。这样的设计暗示：幻影人的武器是他的智慧，而不是身体的蛮力。

下面几张概念画表现的是幻影人和他的观察室，有些概念画中，背景里濒死的太阳呈现不同的颜色，其中有一张图还发生了日蚀。

我们设计了很多面部概念图，显示幻影人经受了何种程度的"教化"。有的版本甚至参考了初代《质量效应》中的萨伦。

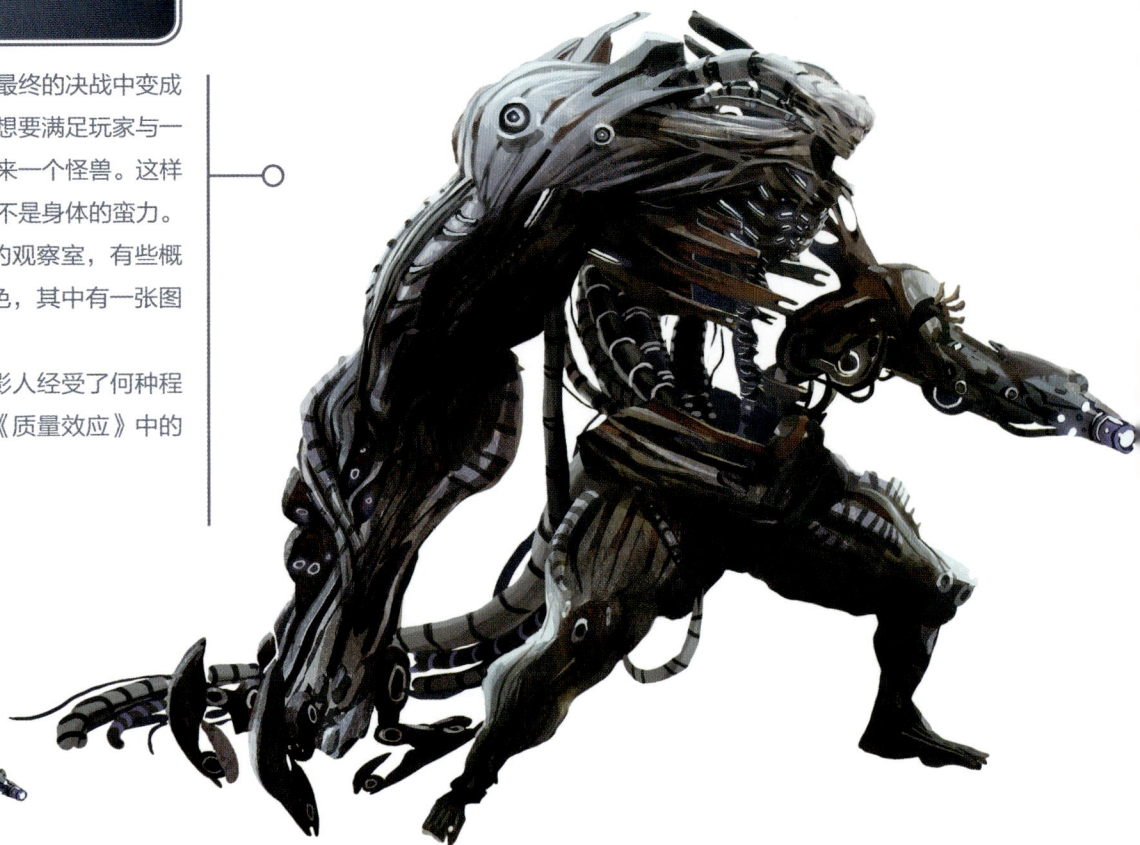

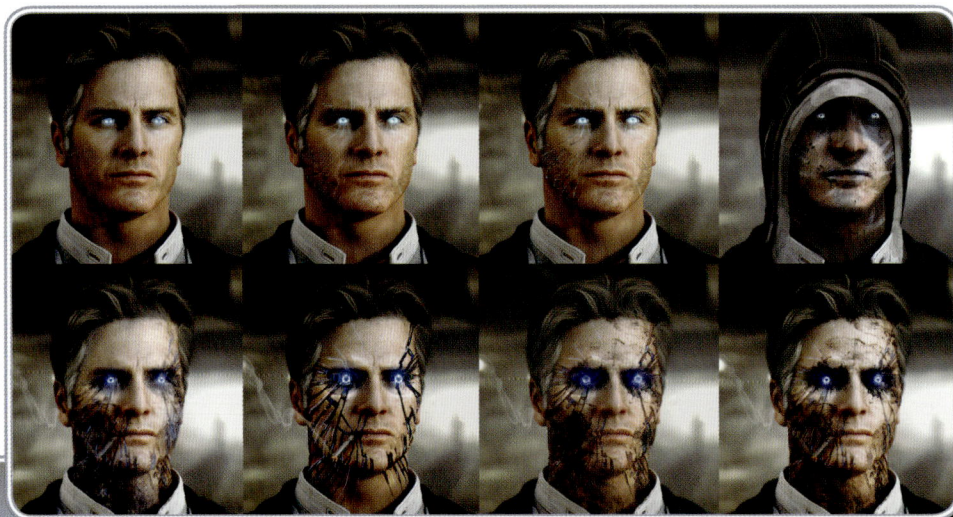

"地狱犬" 部队

"地狱犬"士兵是游戏中最常见的敌人之一。我们决定让他们的护甲看上去比之前的游戏更加强悍，借以说明"地狱犬"士兵是银河系中身经百战的老兵。所有"地狱犬"士兵的共同特点有配色、方形的眼部开口，还有胸部和肩部的圆形结构。锁骨上方的装甲护板令士兵外观更威猛。

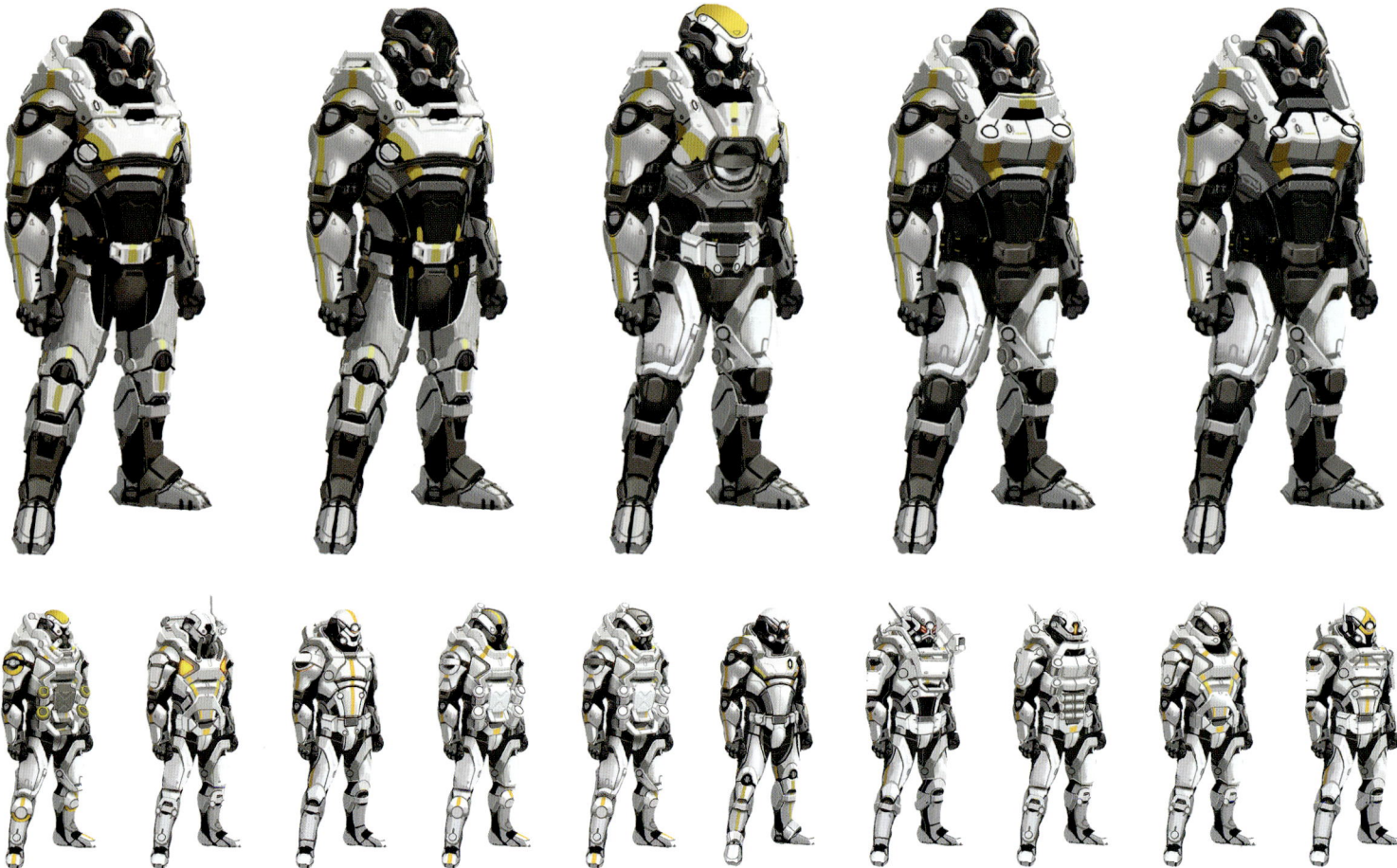

工程师的武器和护甲都比"地狱犬"士兵的轻。这种敌人还可以从背上取下一个炮塔，放在地上，火力便可覆盖一整片区域。我们用服装来暗示这类敌人比士兵更容易被打倒，也暗示他们会使用技术和工程装备击败对手，而不是依靠蛮力。

尽管狙击手的早期版本是男性，但我们最终决定将其变为女性角色，这样狙击手的外形轮廓就可以与其他"地狱犬"敌人区别开来，红色的透镜闪光也可以在很远的地方就吸引玩家注意。

百夫长的有些造型更加强悍，这受到了现实世界中拆弹部队制服的影响。我们最终给设计降了调，从而符合百夫长的领导角色。游戏设计部门为这个种类的敌人设计了武器，于是我们也修改了护甲，以适应装备掷弹筒之类的东西，从而让形式服从功能。

卫兵肩上的重机枪让他们与众不同。之所以这样设计，是因为他们还要携带一面重型防爆盾牌。

巨神机甲的设计经历许多次返工。巨神机甲的一个早期版本模型就是《质量效应2》中的YMIR机器人，里面坐了个士兵。最后我们加上了一个驾驶室座舱盖以保护士兵，同时我们把巨神机甲做得比YMIR还要高大。座舱盖非常显眼，所以这里是一个明显的弱点。这些改变带来了一系列后果：增大巨神机甲的尺寸给动画设计部门增加了很多工作量。

收割者部队

《质量效应3》中最大的挑战之一就是设计那些属于收割者阵营，却不是收割者本身的敌人。毕竟，薛帕德与一艘2000米长的星际战舰对战可坚持不了多久。为了保留游戏系列中标志性的、以小队为基础的战斗模式，我们制作了银河系中各个定居种族的恐怖版本，比方说阿莎丽人和巴塔瑞人。当收割者地面部队大举入侵，挨家挨户收集牺牲品时，我们也让这些恐怖生物投入行动。

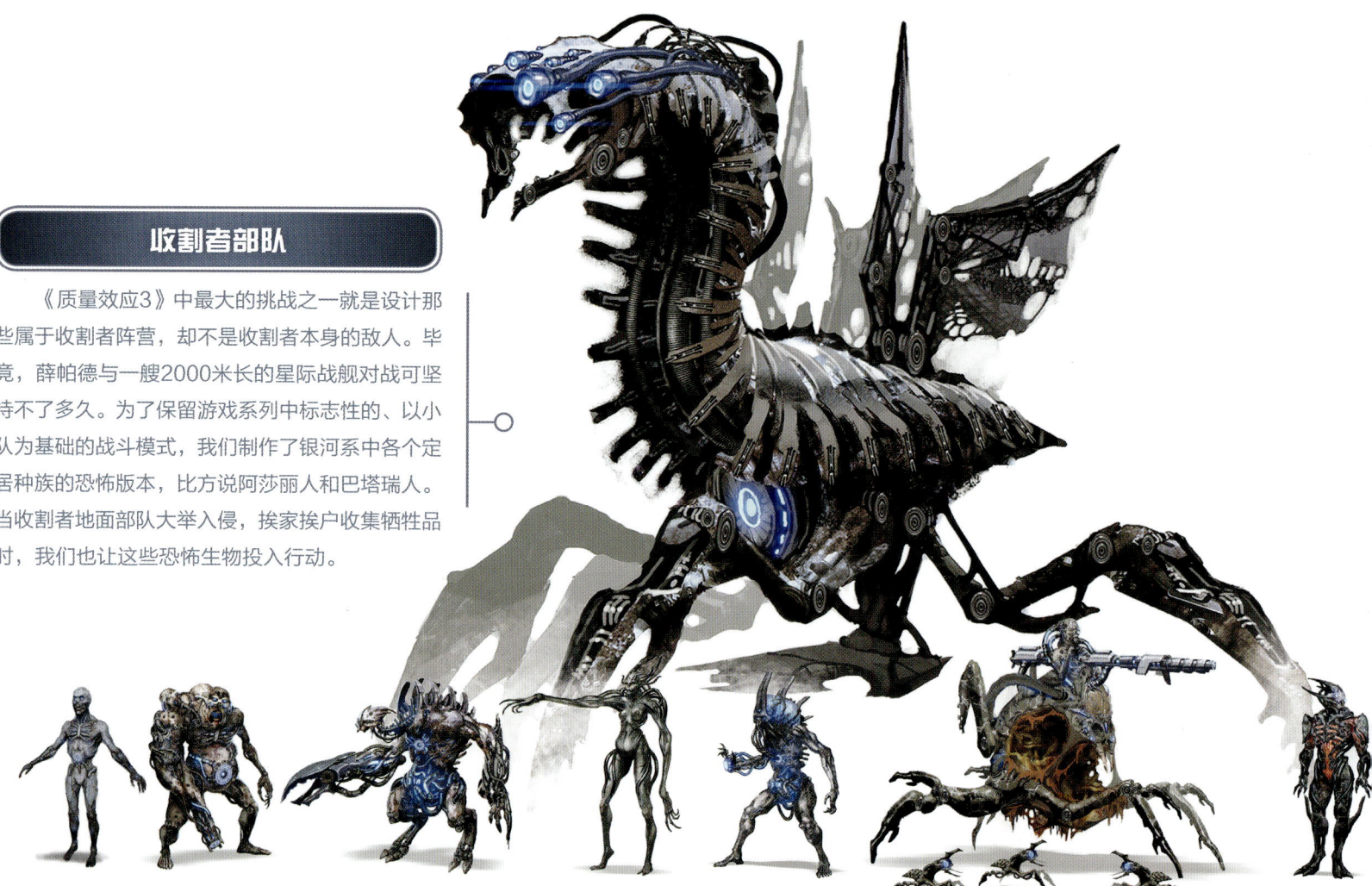

女妖是阿莎丽人女族长的收割者版本——她在转换过程中被活生生地拉高了，这样，她的外形又纤长又骇人。

食人魔是巴塔瑞人的收割者版本，并且用一具人类尸体作为一条胳膊。尸体的腿部与一柄巨枪融为一体。这种设定似乎恰到好处，因为收割者入侵早期所面对的种族正是巴塔瑞人和人类。

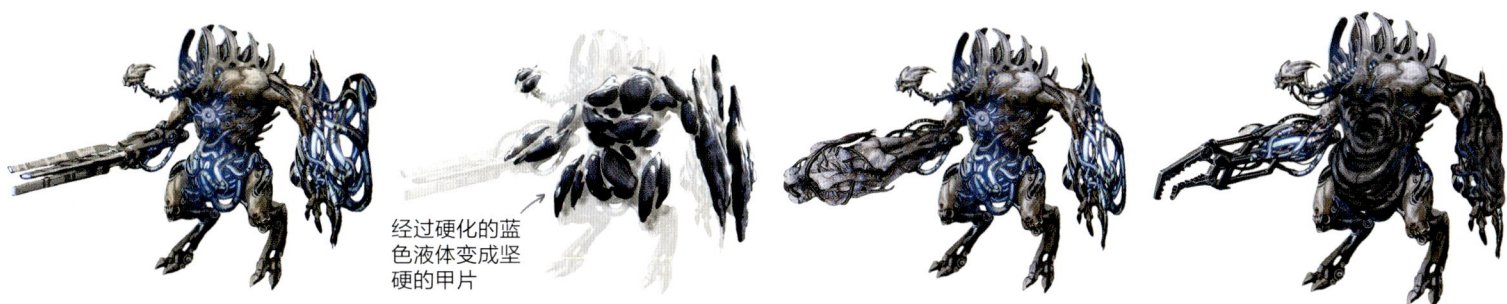

经过硬化的蓝色液体变成坚硬的甲片

凶兽和它的名字一样：一种巨型敌人，爪子超大，能把薛帕德拎起来砸到地上。克洛根人是拿来建模的完美种族。我们决定把克洛根人的脑袋换下来，换成突锐人的头，形成一个由两个种族组成的恐怖融合体。而他们的行星在入侵计划中也被紧密地连接在一起。凶兽的生命维持器官暴露在外，还一跳一跳的，不过我们最终为其添加了可以被轰掉的板甲，使得凶兽极难对付。

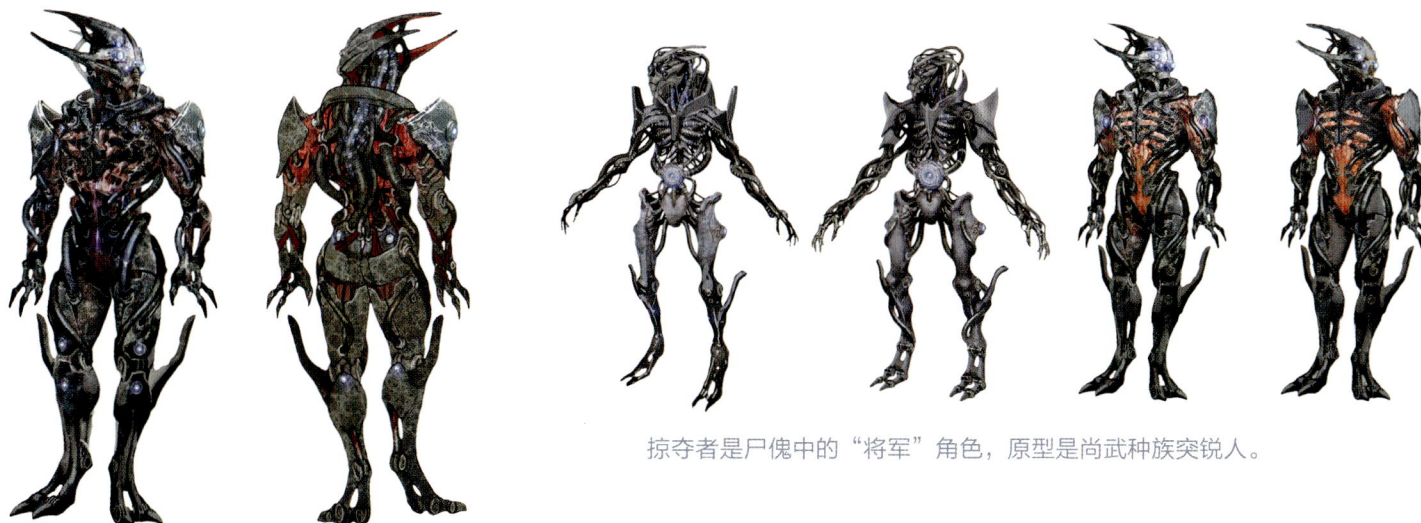

掠夺者是尸傀中的"将军"角色，原型是尚武种族突锐人。

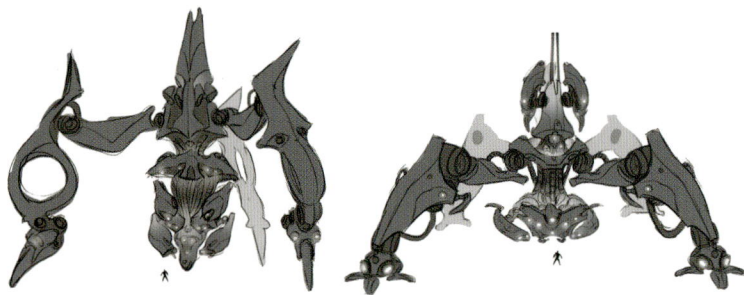

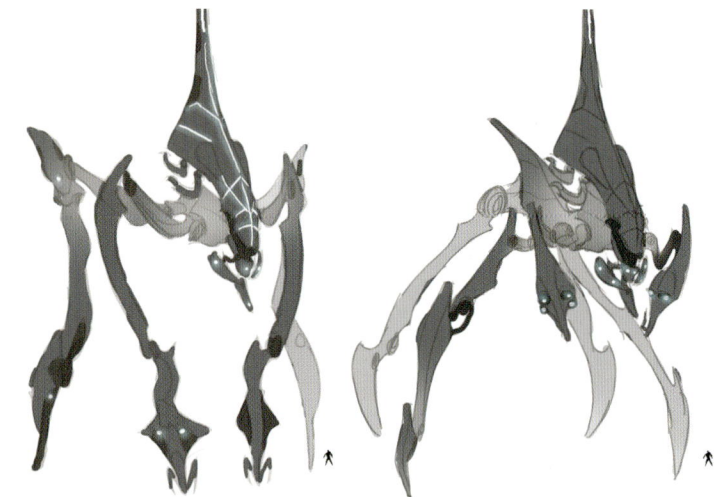

在《质量效应3》中，我们决定制作一种小号的收割者，使之可以降落到行星上，与薛帕德正面碰撞。虽然看起来也并不小，不过这种毁灭者在游戏中只有160米高，相比之下，"霸主号"有2000米长。

"霸主号"最初的形状来自一种叶子形状的昆虫幼虫，这让收割者的身形更加有辨识度。

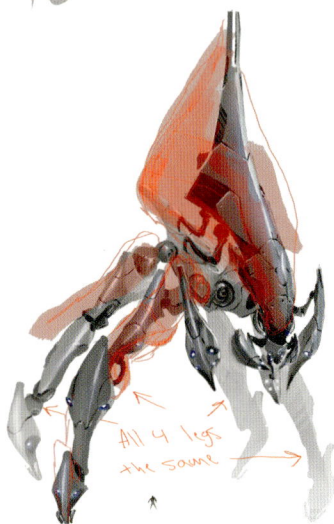

这里有收割者的毁灭者3D建模的不同侧面图。中间右面的图像中，毁灭者打开面板，露出它的主炮。这类机器依然保留着收割者那种虽然是人工制造，却仍旧像是有机体的感觉。我们需要暗示它们是能思考的生物，在建造它们的过程中，汲取了某些生物的特征。

地球

　　在《质量效应3》中，地球是一个激动人心的关卡，因为这是薛帕德在三部曲中第一次来到这颗星球。我们一直想要设计一个漂亮的港口，于是翻来覆去折腾各种创意，包括里约热内卢和香港。最后，我们选择了离家更近的地方——温哥华。这些概念图展示了我们的设计过程。我们既要做出标志性的地球景色，又不能与已经设计好的外星建筑风格相冲突。我们把巨大的曲线和抢眼的45度拐角糅合在一起，再添加一点沧桑感，然后加上一些人类形象，让这里看起来熟悉亲切。

ROBSON SQUARE

火星

　　在地球之后，火星大概是设计中第二令人兴奋的星球。我们知道这里要有人类建筑，而且这颗红色星球上有钻探场，挖掘火星上普罗仙人档案的秘密，我们想要抓住真实感。我们把基地设计得非常矮，好让它在沙尘暴和其他的严酷火星气候中生存下去。钻探场还有一个环形设计，来支撑巨大的钻机从正中一直往下钻探。从圆环伸出去的巨型辐条被用作穿梭机和悬浮车的停泊点。

　　内部设计看起来整洁而富有工业感，更像是发达国家的工厂，而不是位于穷乡僻壤的挖掘工地。这座建筑也展示了数十年来人类研究普罗仙人档案对这个钻探场设计的影响。

苏克什

　　苏克什是塞拉睿人的家园，这里隐藏着一个野心勃勃的种族。我们设计了繁茂的热带雨林，暗示这里湿润的气候。我们觉得这里建筑的巨大曲线模仿了塞拉睿人的护甲和衣着中比较类似有机生物的外形。实际上这些建筑的真正灵感来自伊斯坦布尔的一家购物中心。我们在设计内景时有意模糊了外景与建筑的边界，这有助于赋予基地一种非常开放好客的感觉。废墟是"地狱犬"造成的，他们的突击队从天而降，把田园牧歌般的建筑变成了战场。

图岑卡

　　图岑卡的形象在《质量效应2》中就已经确定了，这是一颗饱受轰炸的行星，到处都是瓦砾。我们制作上图来帮助确认在突锐人的坠落地点冒险的场景。下图是一张非常早期的概念图，展示了收割者步兵侵入行星可能会是什么样子。

　　下页展示的是失落的克洛根城市，想要唤起大家认为克洛根值得一救的情绪。他们曾经创造出美丽的文明，可是后来社会崩坏，克洛根人几乎灭绝。我们展示出轻微的战斗损害和稀疏的植被，暗示即便正在经受大毁灭的蹂躏，生命依然有微小而脆弱的希望坚持下去。这些建筑的灵感来自弗兰克·劳埃德·莱特的设计，我们在上面添加了少许克洛根美学设计，使之看起来骨子里有一种蛮横的气质。下页最下面的概念图是太空电梯早期的草稿，这架电梯可以直通气象塔—— 一种高科技大气设备，用来遮蔽图岑卡毒辣的太阳。

莱诺奇

　　设计奎利人的母星莱诺奇的挑战主要在于必须协调两种异星建筑风格：移民舰队上奎利人的建筑，还有桀斯的建筑——它们已经占领奎利人的家园达几个世纪之久。我们决定保留莱诺奇环境中奎利人的工业景观，也就是模块化的不锈钢建筑，这些建筑与伦敦的劳埃德大厦十分相似。

　　我们想让内部设计与外部设计融为一体——二者之间没有严格的界限。我们没有在这里添加战斗损害，因为桀斯基本上让奎利人的家园保持着原状。

瑟西亚

　　在前作中，玩家到过阿莎丽人影响下的世界，所以我们知道如何在《质量效应3》中勾画出阿莎丽人的家园。建筑模仿建筑师圣地亚哥·卡拉特拉瓦的设计作品，有大量气势逼人的巨大曲线。下页是瑟西亚的早期概念图，这两张图中并没有展示《质量效应3》中与入侵的收割者战斗之后遭到破坏的样子。

　　本页顶部的概念图展示的是阿莎丽人在瑟西亚的神庙，包含了一些向上飞升的曲线，类似天主教堂。下面的图片展示的是战斗之后遭到的一些破坏，这都拜收割者所赐。

神堡

我们在前两部作品中都看到了神堡。不过我们需要在《质量效应3》中以新的概念、从新的角度展示这座空间站。下图是护工隧道的概念图，护工可以在这里四处走动，维护整个空间站，不过这些隧道从来没有被使用过。蓝色的护板使用了质量效应场，使行政区分支的外层表皮可以与其他结构保持分离状态，这样在激烈战斗中可以化解猛烈的冲击。

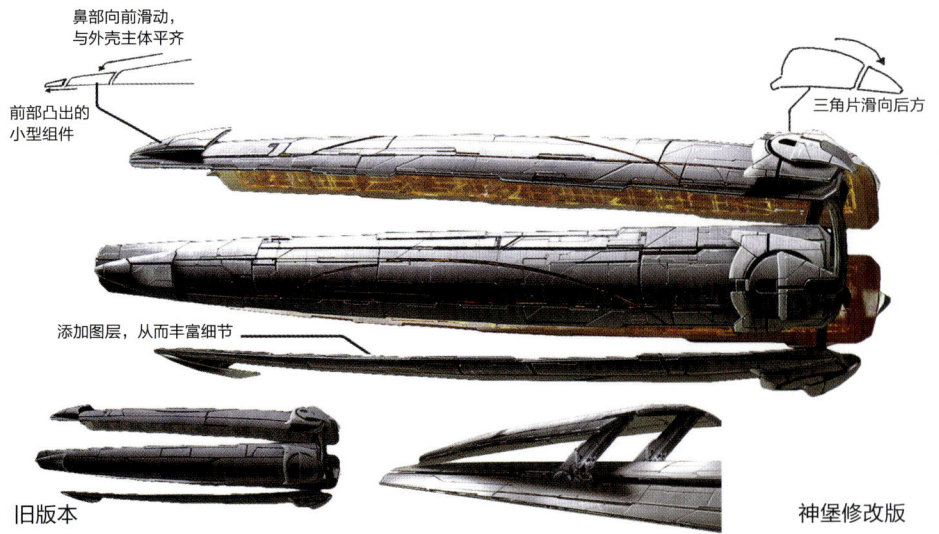

鼻部向前滑动，与外壳主体平齐

前部凸出的小型组件

三角片滑向后方

添加图层，从而丰富细节

旧版本

神堡修改版

梅内尔

最上面的图片是一个突锐前哨站的早期概念图。画这张图时,我们正在为突锐人的设计寻找切入点。我们知道他们的战舰是什么样子,但对他们的建筑一无所知。后来我们确认突锐人应该在帕拉文的卫星梅内尔上有个基地,于是画了下面两幅画。突锐人可以在这里组织对收割者的反击。突锐人的建筑被设计成为可移动的军事要塞,能够进行紧急部署。

"地狱犬"总部

以上是"地狱犬"总部的早期想象概念图。上图中的幻影人并未观看激光全息图，而是透过窗户凝视着一颗濒死的恒星。下图展示了这个房间在一场激烈战斗之后的样子。

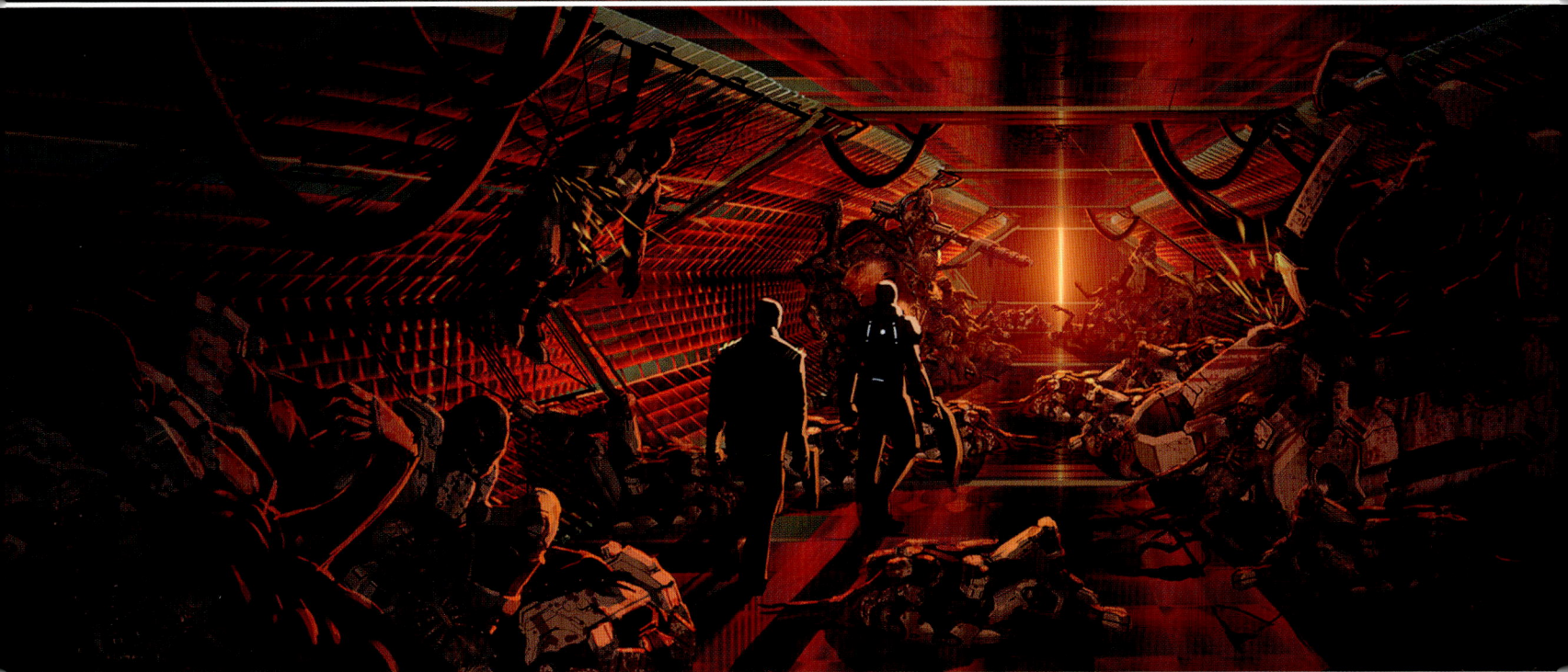

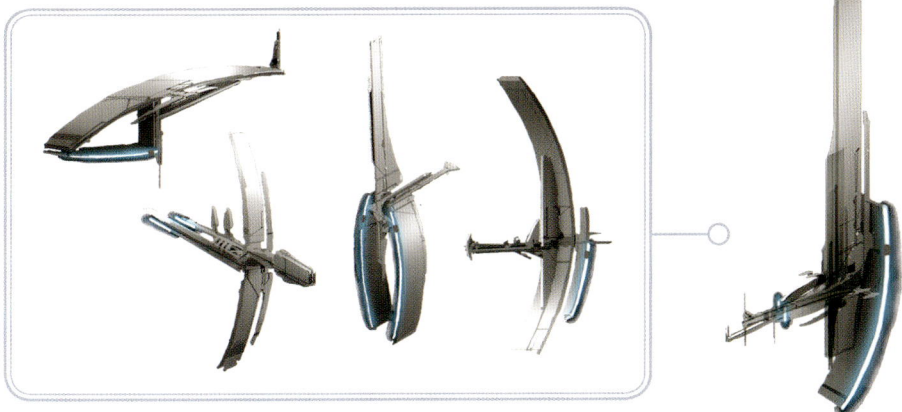

最上面的概念图展示的是早期开发过程中的幻影人，他已经被收割者的控制论技术进行过重度改造。

上图画的是最后的房间，薛帕德在这里与幻影人开战时，场景有可能就是这个样子。这张概念图是要展示双方发生对抗前一刻的场景，这时薛帕德正从幻影人麾下"地狱犬"最后的士兵尸体旁边走过。

底部最右边的图片是地狱犬总部接近定稿时的样子，我们希望它让人联想到一柄利刃直插太空。它的引擎与《质量效应2》中民兵空间站的引擎非常相似。

"诺曼底SR-2"

　　"诺曼底SR-2"与《质量效应2》中相比并无多大变化。最明显的变化是，它的涂装变成了联盟的蓝色，以显示该战舰在《质量效应2》的下载包《降临》事件之后，已成为星系联盟的财产。

　　下页上面的两张图片展示的是改变"诺曼底号"内部的创意。我们想传达一种感觉，就是战舰已经由联盟获得，并进行了仔细的研究。红蓝颜色的变化是要说明战舰几乎一直处于高度警戒的状态，很适合战时设定。最下面的图片是一张早期的效果图，画的是一名破坏者或者刺客闯入了薛帕德的房间。

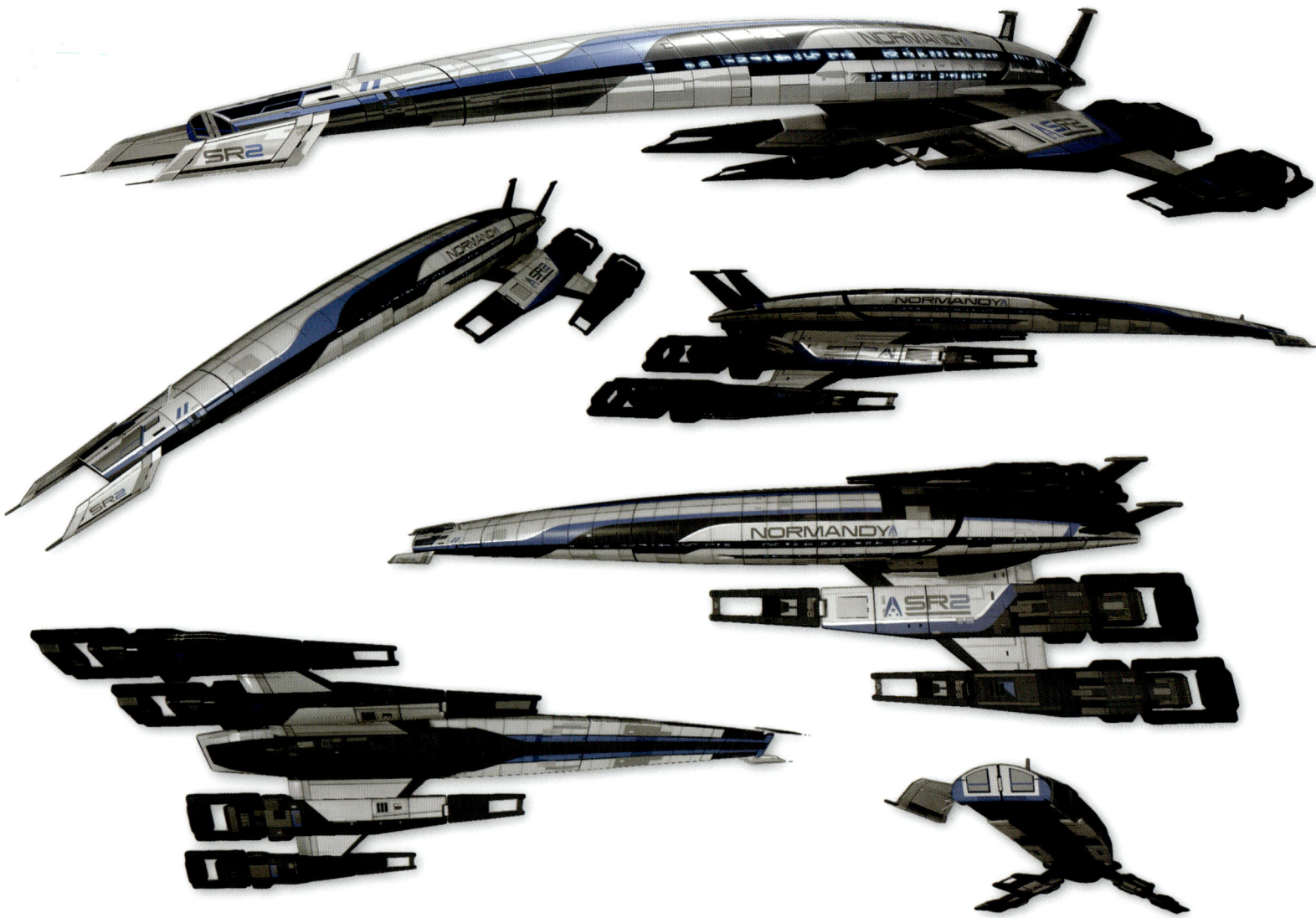

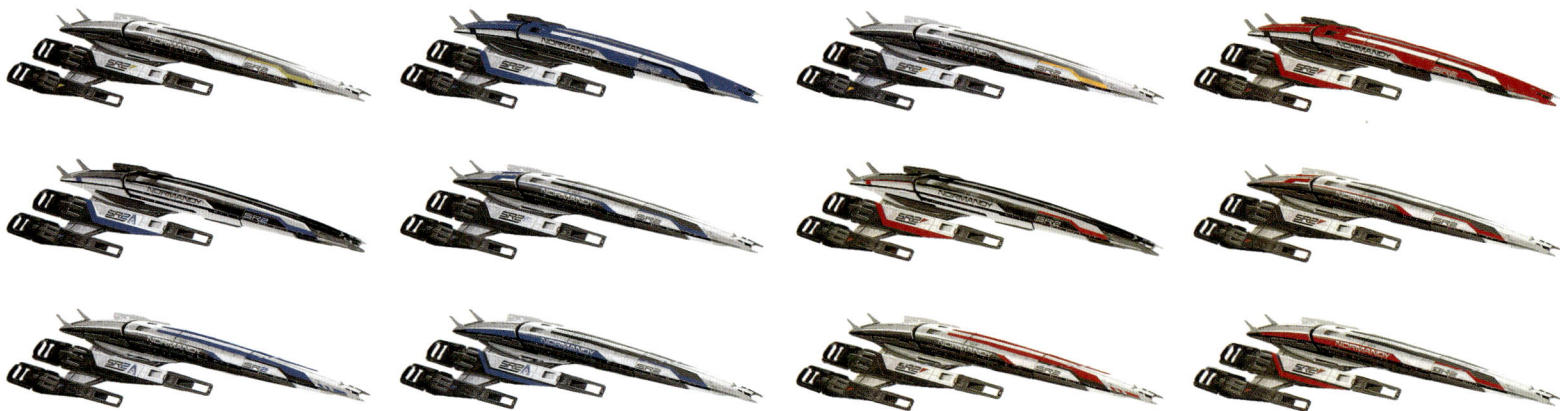

擎天炉

擎天炉的设计是让人联想到巨大的、由火箭推动的炸弹，就像三一炸弹[1]搭配一枚NASA太空探测器。下方的小插图展现了擎天炉外部保护壳打开、暴露出工作组件时的场景。

1　三一炸弹，美国用于试爆的人类历史上第一颗原子弹。

设备 零件分离

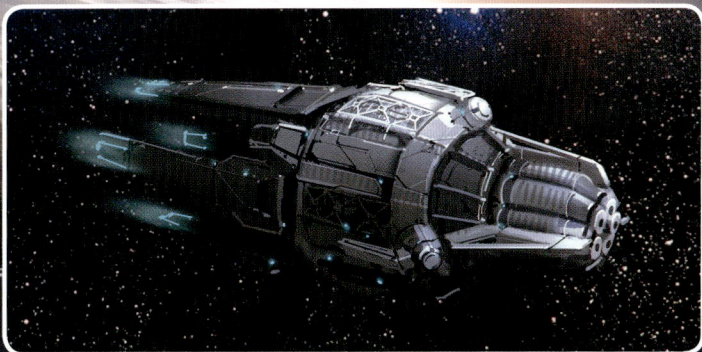

两张擎天炉外观的早期概念图。

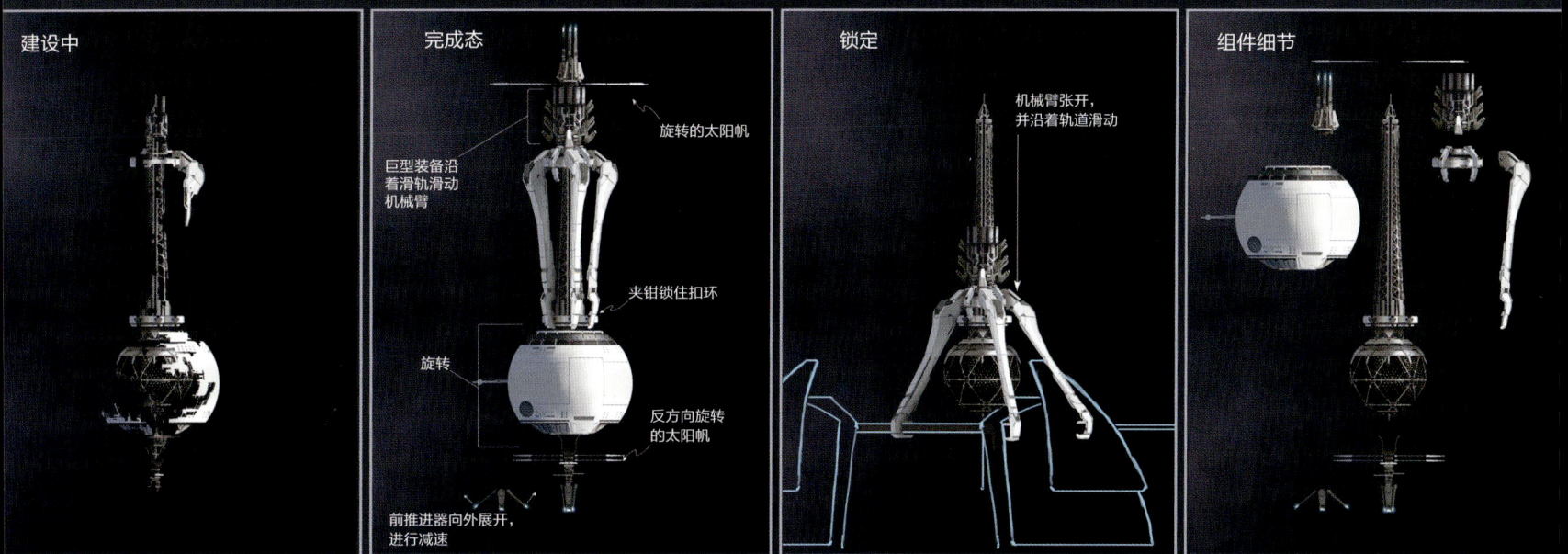

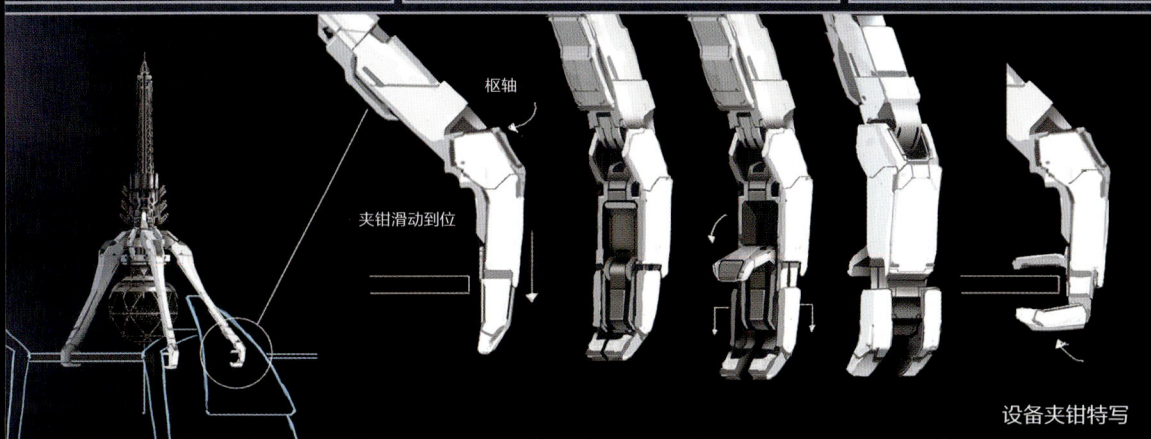

建设中

完成态

旋转的太阳帆

巨型装备沿着滑轨滑动
机械臂

夹钳锁住扣环

旋转

反方向旋转的太阳帆

前推进器向外展开，进行减速

锁定

机械臂张开，并沿着轨道滑动

组件细节

枢轴

夹钳滑动到位

设备夹钳特写

擎天炉的构造非常复杂，所以我们画了很多备用设计图。几条巨型机械臂垂下来，将主体固定到位。

鸣谢

BioWare 同仁：
Art Director **Derek Watts**
Executive Producer **Casey Hudson**

黑马漫画同仁：
Licensing Manager **Kari Torson**
Licensing Coordinator **Maria Saracino–Lowe**

特别鸣谢

全中国的《质量效应》爱好者
IT'D BE AN AWFULLY EMPTY GALAXY WITHOUT YOU.

未來事务
管理局
FUTURE
AFFAIRS
ADMINISTRATION

特约策划：说书人、刘壮
特约统筹：赵梦黎
特约宣传：滕飞、罗梦婕
特约设计：李笑冰
特约版式：陈维彬＠佳倍设计

未來事务
管理局

特约策划：说书人、刘壮
特约统筹：赵梦黎
特约宣传：滕飞、罗梦婕
特约设计：李笑冰
特约版式：陈维彬＠佳倍设计